元顺帝妥懽帖睦尔传

忽赤罕／著
图日莫黑　溯日莫黑／译

内蒙古人民出版社

图书在版编目(CIP)数据

元顺帝妥懽帖睦尔传/忽赤罕著;图日莫黑,溯日莫黑译. -呼和浩特:内蒙古人民出版社,2017.5

ISBN 978-7-204-14745-8

Ⅰ.①元… Ⅱ.①忽… ②图… ③溯… Ⅲ.①元顺帝(1320-1370)-传记 Ⅳ.①K827=47

中国版本图书馆 CIP 数据核字(2017)第 107737 号

元顺帝妥懽帖睦尔传

作　　者　忽赤罕
译　　者　图日莫黑　溯日莫黑
责任编辑　郝　乐
封面设计　宋双成
出版发行　内蒙古人民出版社
地　　址　呼和浩特市新城区中山东路 8 号波士名人国际 B 座 5 楼
印　　刷　内蒙古爱信达教育印务有限责任公司
开　　本　680mm×960mm　1/16
印　　张　11
字　　数　146 千
版　　次　2017 年 11 月第 1 版
印　　次　2017 年 11 月第 1 次印刷
印　　数　1—2000 册
书　　号　ISBN 978-7-204-14745-8
定　　价　28.00 元

图书营销部联系电话:(0471)3946298　3946267
如发现印装质量问题,请与我社联系,联系电话:(0471)3946120

前 言

妥懽帖睦尔乌哈噶图可汗为大元帝国末代皇帝，其一生坎坷且传奇。自幼离开双亲，孤苦伶仃，后受宫廷内斗牵连被流放到边疆。在其十三岁那年，遵照图帖睦尔可汗的遗诏，卜答失里皇太后和权臣燕铁木儿将其从广西静江（今广西桂林）接回，登基于大都。

当时，燕铁木儿独揽大权，国政大事全由他一人定夺，妥懽帖睦尔实为傀儡。不过比起同龄人，自幼经历苦难的妥懽帖睦尔更加聪明、懂事。燕铁木儿死后，妥懽帖睦尔封明宗和世㻋在位时的心腹大将蔑儿乞惕部伯颜为右丞相，并让其统领蒙古、钦察、阿速特部怯薛军。伯颜掌权后，无视君王，肆无忌惮，尤其在镇压燕铁木儿余党唐其势等发动的政变后，其势力大增，变本加厉地扰乱朝野。因而在当朝之中唯知伯颜丞相却不识妥懽帖睦尔可汗者大有人在。

当时妥懽帖睦尔可汗无奈于伯颜的独裁，急切盼望朝野中有人挺身而出。伯颜的一义子，即伯颜胞弟马札儿台之子脱脱，自小由伯颜抚养，并协助伯颜在镇压唐其势政变时屡建战功，深得妥懽帖睦尔可汗和伯颜的信任。脱脱从燕铁木儿家族扰乱朝野、鱼肉百姓的暴行中吸取教训，对其大伯伯颜的独断专行也颇为不满。脱脱深受幼年恩师吴直方的教导，身怀大义灭亲之志，在妥懽帖睦尔可汗的帮助下革去伯颜的官职公爵，将之逐出大都。

之后，妥懽帖睦尔可汗加封大义灭亲的脱脱为右丞相，恢复科举制度，举办国子学府广招贤士；又开放马禁，蠲免赋税，振兴经济，提高了百姓的生活水平。妥懽帖睦尔可汗重用名臣后裔，力图推行新政。其中，木华黎七世孙朵儿直班、博尔术四世孙阿鲁图、忽必烈可汗的心腹大臣不忽木之子巎巎、康里部脱脱之子帖木尔达识等全力辅佐妥懽帖睦尔可汗，功勋卓著。妥懽帖睦尔可汗将上述人派往全国各地体恤百姓疾苦并加以安抚，寻访贤士加以重用。同时，还让他们上奏朝廷各州县官员的履职情况，并推行赏罚严明的晋升罢免制度，深得上下赞许。

妥懽帖睦尔可汗常对其臣子们说："汝守令之职，如牧羊然。饥也，与之草；渴也，与之水。饥渴劳逸，无失其时，则羊蕃息矣。汝为我牧此民，无使之失所，而有饥渴之患，则为良牧守矣。"妥懽帖睦尔可汗以"户口增多、农桑有成、词讼减少、盗贼屏息、赋役均平、常平得法"六项作为晋升官员的法令标准。另外，他十分重视地方守令的任用，必须亲自过目，考察其贤愚并谆谆告诫。制定或颁布国策法令前，他充分听取元老功臣们的意见。因此，元朝在妥懽帖睦尔可汗统治的前十年，尤其是脱脱任中书右丞相期间，呈国泰民安之势。值此太平盛世，妥懽帖睦尔可汗完成了三大盛举。

一、将图帖睦尔可汗在位时修建的奎章阁改为学士院（宣文阁），使其成为议论朝政国事和鉴赏、辨析历史典籍之所。妥懽帖睦尔可汗常到此地欣赏古今名人字画，同众臣议论、评价古代君王的胜败得失。他还下令将唐朝重要史典《贞观政要》译成蒙古文，要众臣人手一册。

二、下诏编修辽、宋、金三史，下令鉴其精华，去其糟粕。

三、根据之前颁布的《至元新格》《大元通制》等法典，编撰了《至正条格》法规，并昭告天下。历史上对妥懽帖睦尔可汗在文化方面做出的此等贡献，给予了高度的评价和认同。

妥懽帖睦尔可汗知识渊博，多才多艺。他精通蒙汉双语，善于作诗赋词，擅长书法绘画，偶尔还创作舞台剧在宫中出演。除此之外，他还热衷于建筑工艺、天文星象、绘图设计、装饰修补研究。他亲自绘图设计，命工匠们制作的龙船、宫漏等至今仍引人瞩目，所以说，他也是一位工艺师、机械师。

妥懽帖睦尔可汗自小聪明伶俐、酷爱学习、志向远大、知识才干兼备。虽因政治需要他在毫无准备的情况下登上皇位，但在其执政前十年，是一位贤德明君，这是毋庸置疑的。后来，因某种缘故他不理朝政，误入歧途，导致痛失其祖先艰难打下的元帝国半壁江山，这成为他一生的遗憾。那么，何为其抱憾之根源？给后人留下的历史教训是什么？对此，历史学家们早已给出了答案。下面，我们以在《贞观政要》中记载的一则轶事来探寻妥懽帖睦尔可汗哀悔之根源，作为历史借鉴！

众所周知，《贞观政要》为唐朝史学家吴兢编纂的政论性史书，全面、系统地介绍了“贞观之治”的历史经验。此书第三卷第六章《论君臣鉴戒》中写道：

贞观十七年，太宗谓侍臣曰：“自古草创之主，至于子孙多乱，何也？”司空房玄龄曰：“此为幼主生长深宫，少居富贵，未尝识人间情伪，治国安危，所以为政多乱。”太宗曰：“公意推过于主，朕则归咎于臣。夫功臣子弟多无才行，藉祖父资荫遂处大官，德义不修，奢纵是好。主既幼弱，臣又不才，颠而不扶，岂能无乱？隋炀帝录宇文述（隋文帝时期大将，助杨广夺皇位后被授予左卫大将军，封许国公——引者）在藩之功，擢化及(隋炀帝念其父拥戴之功，授宇文化及右屯卫将军。大业十四年，即618年，宇文化及发动军变缢杀炀帝，立王浩为帝，后又毒害王浩自己称帝——引者）于高位，不思报效，翻行弑逆。此非臣下之过欤？朕发此言，欲公等戒勖子弟，使无愆过，即家国之庆也。”太宗又曰：“化及与玄感（隋朝司徒杨素之子,袭封楚国公，任礼部尚书。大业九年，即613年起兵被杀），即隋大臣受恩深者子孙，皆反，其故何也？”岑文本对曰：“君子乃能怀德荷恩，玄感、化及之徒，并小人也。古人所以贵君子而贱小人。”太宗曰:“然。”

妥懽帖睦尔可汗退出大都时，不由作哀歌道出了其丧国的根本原因。在他自己看来，丧国的根本原因是“我没有听从拉甘、伊巴虎的劝谏”，再有就是“被奸臣的诡计所蒙蔽，昏庸、无能的罪名落在我的头上了”！事实上，妥懽帖睦尔可汗说的这两点并不是其丧国失朝的根本原因，当然也不能说是朱元璋领导农民起义推翻了元朝。其中，有诸多历史根源。

首先，妥懽帖睦尔的即位是当时的政治需求和历史条件所致，所谓政治需求实为权臣的政治需求。当初，忽必烈薛禅可汗建立大元帝国时，为巩固江山社稷而制定了诸多措施。其中，废除成吉思汗制定的黄金家族召开忽里勒台汗位推举制（实际上当时该制度已名存实亡），实行太子世袭制。然而，蒙古贵族并没有完全接受这一制度。元成宗铁穆耳驾崩后因其子德寿皇太子死于铁穆耳之前，导致无人继承皇位。当时，独揽朝权的丞相哈剌哈孙（成吉思汗封的三位“答尔罕”之一乞失里后裔，蒙古史上的权臣政治由他开始）密谋拥立铁穆耳完泽笃可汗的二哥答剌麻八剌之子爱育黎拔力八达为帝。爱育黎拔力八达惧怕镇守漠北的哥哥海山的军威，遂迎接于上都立其为帝。海山怀蒙古人一颗真诚、善良之心，为表对其弟爱育黎拔力八达的感激之情，册立其为皇太子，并约定“兄终弟及，叔侄相传”。遵照约定，海山曲律可汗驾崩后，爱育黎拔力八达顺利即位。但是，他即位后背弃初约，册立其子硕德八剌为皇太子，并将海山曲律可汗的长子和世㻋发配至云南。硕德八剌即位后，册封木华黎的六世孙拜住（安童之孙）为右丞相，推行新政，后被权臣铁木迭儿余党铁失杀害。从此，帝位转至铁穆耳完泽笃可汗的大哥甘麻剌宗族。甘麻剌长子也孙铁木儿可汗在位五年，他驾崩之后，出现上都、大都两帝之争。这标志着元史权臣政治开启，并从幕后暗斗转至台前明争。结果，大都一方获胜，海山曲律可汗次子图帖睦尔被扶上帝位。图帖睦尔唯恐逃至西北的其兄和世㻋武力威逼，于是在权臣的怂恿下，假意禅让皇位，随后在王忽察都毒害其兄和世㻋再登帝位。这完全是权臣们精心导演的悲剧。

妥懽帖睦尔是和世㻋忽都笃可汗长子。他作为这场悲剧的主演被推上政治舞台后，摆在面前的迫切且严峻的问题是如何战胜权臣政治。妥懽帖睦尔被称为乌哈噶图可汗是有根据的，并且名副其实。他汲取前朝帝王治乱教训，稳坐皇位三十七年。他主要实施的策略是利用权臣之间的矛盾，以一方之力消灭另一方，最后使胜败两方均臣服于皇恩，此非等闲之举。

其次，历史现状使他内心压力重重。当时，妥懽帖睦尔的宗亲均短寿。例如，其曾祖父答剌麻八剌二十九岁寿终；祖父海山曲律可汗三十一岁、父亲和世㻋忽都笃可汗三十岁、叔父图帖睦尔札牙笃可汗二十九岁驾崩；弟懿璘质班做了43天的皇帝，七岁夭折。因此，妥懽帖睦尔在即位十几年后不得不开始考虑如何延年益寿和避免暴毙的问题。奸臣们看透其心思，遂奉献长命百岁、延年益寿之计。

此计即是现如今所指的“密乘无上瑜伽”。佛经的解释为：“以般若之‘空’为女性生殖器，以方便之‘有’为男性生殖器，由是遂成秘密佛法，即以男女双身之拥抱交合为无上瑜伽之极则，因而成立本性金刚乘，此密宗绝非淫术。”密乘无上瑜伽分为三个修行阶段，达到最高阶段必须男女同修（又称双修法、演揲儿、大喜乐）。据史料记载，妥懽帖睦尔已修炼至最高阶段。当时，该修行秘传于藏区，因此一般人对此不了解，误认为是一种淫术。“十六天魔舞”可以证明这点，“天魔”在梵语中意为“试探”。

妥懽帖睦尔可汗过度迷信于通过修炼密乘无上瑜伽来延长寿命。他深陷奸计，不理朝政，不听贤相忠臣劝谏，变得昏庸、愚钝。个别奸臣趁机祸国殃民，致使民不聊生，又连年遭遇洪灾，农民起义不断，大元帝国根基动荡不稳。但是还未到不能镇压农民起义的地步。当时，各支起义军互相残杀，你争我夺，没有一点统一性可言。例如，察罕帖木儿进攻山东时，朱元璋遣使表示向元朝投降；红巾军领袖张士诚攻占安丰（今安徽寿县）之后害死刘福通，并与元朝坐镇江南的大臣达识帖睦迩取得联系，表示愿意一起围攻以朱元璋为首的起义军；占领东南沿海地区的红巾军领袖方国珍降元之后，联合张士诚每年通过水路向大都运送几万石粮食。妥懽帖睦尔可汗巧妙地利用起义军领袖们之间的矛盾，将之逐个击破。

正在此时，元朝帝国出现了妥懽帖睦尔可汗和以皇太子及其母高丽人奇氏皇后为首的两股政治势力，宫廷内斗尤为激烈。两股对立势力的主要矛盾是支持和反对禅让皇位的问题。对此等重要政治事件，妥懽帖睦尔可汗态度不够坚决，立场不够坚定，甚至过度宽恕奸佞小人，致使自己处于极其被动的局面。正如人脑充血后各器官功能衰竭一样，由于皇朝内乱，举国失衡，国家机器不能正常运转，完全没有集中、统一而言。

支持和反对内禅的两方之争，后发展演变为地方军阀的武装斗争。正值元朝内部撕咬之际，朱元璋领导的农民以长江下游为根据地揭竿而起。朱元璋听取谋士朱升提出的“高筑墙，广积粮，缓称王”的策略发展生产、巩固后方，同时还在韩山童、刘福通领导红巾军建立的国号为“大宋”政权的屏障下成功避免元军的打击，为其以后的发展创造了有利条件。

朱元璋巧妙地利用农民起义军首领之间的矛盾和内部分裂，逐一消灭陈友谅、张士诚、方国珍部并扩张自己的实力后，命徐达、常遇春北伐中原。北伐中发布《谕中原檄》，提出“驱逐胡虏，恢复中华，立纲陈纪，救济斯民”的纲领。纵观中国历史，向来有北方游牧民族的南征史，却未曾有南方耕种民族的北伐史。因此，朱元璋指挥的北伐中原之战堪称中国历史上的“奇迹”。

朱元璋充分做好北伐方面的思想和军事准备后，于至正二十七年（1367 年）十月，命徐达、常遇春率 25 万大军自淮安北进中原。徐达、常遇春之大军犹如狂风扫落叶，仅仅用了两个月就轻取山东。至正二十八年（1368 年），朱元璋于南京称帝，宣布建立“大明”。同年三月，徐达攻下汴梁（今开封），常遇春占领洛阳。七月，两路兵马会师临清（今属山东），沿大运河北进包围通州（今北京通州区）。7 月 28 日，妥懽帖睦尔可汗携皇妃、皇太子及文武百官退至上都。

妥懽帖睦尔可汗的此次退居是具有重大历史意义的明智之举，此举形成了北元和明朝对峙三百年的政治局面。大明帝国总结出“对北元只可遏制，不可消灭”，屡次向北元皇帝致函道：“你于漠北称霸，我于城南称帝。”当时，如果有像妥懽帖睦尔一样明智的帝王，定能呈现焕然一新、历史大转折的局面。可惜的是，并没有这样的人。

我们必须以史为镜，这是古今贤人智士之明训。13 世纪，以成吉思汗为领袖的蒙古族终结“有星的天空旋转，诸部落混战，没有人住进自己的被窝，都去互相抢劫攻杀”的时代，建立威震欧亚的丰功伟业，为其子孙留下了“七百年都享用不尽的财富”（引自尹湛纳希之语）。成吉思汗之孙忽必烈薛禅可汗继承了蒙古族雄图大志，创建了当时世界上最富庶、最强大的国度，呈现出各民族融为一家的新盛世。妥懽帖睦尔返回其大漠故里，形成了北元和明朝南北对峙的政治局面。此乃以史为镜的具体实践，我们绝不可忽略。

我们必须以史为镜，但是不能骄傲，骄傲使人落后。蒙古史记批判性代表、著名史学家拉喜彭斯克曾说："妥懽帖睦尔可汗使祖先创下的帝国毁于一旦法理何在？只能用其哀歌表悔恨之意。圣主成吉思汗初建政权，所向披靡，征服诸国。此即由于圣德而众人之心聚拢之标志。至正年间汉地变乱的时候亦没有从北方来蒙古兵进行作战，而是阿鲁辉帖木儿反叛了。此即由于顺帝失德而众人之心变坏之征兆。由此观之，要想永久打消对权力的骄傲须勤于德事，众皆知之。"拉喜彭斯克所言，是说成吉思汗取得胜利的重要因素是以圣德凝聚众心，妥懽帖睦尔可汗痛失半壁江山的原因是依仗权势，不顾道义，疏于平定叛乱和治理朝政。拉喜彭斯克总结的历史经验教训，至今仍未失去其意义。

妥懽帖睦尔可汗是一个失去对长城以南统治的蒙古皇帝，他的一生极具戏剧性。虽然他痛失江山的原因颇多，但是概括地说在于他未能理解"君主"一词的真正内涵。作为一个"君"，必须会"主"。妥懽帖睦尔可汗在位三十七年，屡次击败"权臣政治"。但是，为防止寿命突然终结而沉迷修炼，愧对了历史赋予他的重任，此乃他最为悔恨之处。简单地说，就是他没能做"主"。他后悔不已，最终决定退出大都返回漠北故里。历史证明，此举具有深远意义。就是说，他开始参悟到作为一个"君"，必须会做"主"。当时的蒙古人深刻理解了妥懽帖睦尔可汗的此等"悔悟"之意，故在其驾崩后称其为"乌哈噶图可汗"。

本人早已有编写妥懽帖睦尔可汗传记的想法。在编写完《忽必烈薛禅可汗》一书后，有人曾提议我可以考虑编写关于妥懽帖睦尔可汗的书。但是，因工作繁忙和素材缺乏等缘故推迟了几年。其实我写这本书不是出于本人的好恶，而是基于一种无法推卸的历史责任。

历史上关于妥懽帖睦尔可汗，赞颂的较少，贬低的较多，几百年来，他在蒙古人心中的地位有失公允。他整个人生被刻上“致使元帝国败亡的末代皇帝”的烙印。从目前掌握的历史材料看，妥懽帖睦尔可汗的一生坎坷且富有传奇色彩。虽然他亲自设计制作的龙船和宫漏被世人遗忘，但是，他下诏编修的三史及在宣文阁收藏的诸多历史文化真迹，如今成为价值不菲的珍宝。例如，温家宝总理向台北“故宫博物院”赠送的元朝画家黄公望所绘的《富春山居图》一直收藏于宣文阁，后于明朝遗失；妥懽帖睦尔可汗所吟《妥懽帖睦尔可汗哀歌》乃一份从反面表达热爱民族情怀的具有强烈政治性的倡议书。此诗不仅总结阐述了政权败亡的历史教训及退出大都的重要意义，还隐藏着其积蓄力量后反攻图治之决心。但是，世人只探寻了该作品的作者及创作地点等微不足道的东西，却没有研究、分析其蕴含的深意；只提妥懽帖睦尔可汗逃离北京，却未提其开启明朝与北元相持三百年政治格局的历史功勋。单凭这点，应给予妥懽帖睦尔可汗公正的评价和充分的肯定！望以后的学者们对此进行辩证研究，恢复其历史地位和功勋。本人只是有感而发，仅供读者茶余饭后探讨。不妥之处，望海涵！

忽赤罕

2011 年 3 月 29 日

于呼和浩特

目录
Contents

开篇诗

羁绊金日乃莽夫之妄想

光复亡朝乃古君之奢盼

亲率十万蒙古子民退居至漠北

莫是乐海圣水无法洗刷之哀悔

为救大元之陨灭

弃大都集诸耻辱于自身

英明之远虑谁人来明辨

愿璀璨星辰为证！

第一章

诸王谋朝绸结逐松断
权臣篡位帝政渐衰落

《元史》中评道:“世祖度量弘广,知人善任使,信用儒术,用能以夏变夷,立经陈纪,所以为一代之制者,规模宏远矣。”忽必烈薛禅可汗乃元朝开国皇帝,是一位重视汉文化、推崇儒术的统治者。为永葆江山稳固,他效仿汉法制定了皇太子制度,主要为防止王公臣子谋朝篡位,但是他的担心还是变为现实。元朝第二任皇帝元成宗铁穆耳完泽笃可汗驾崩后,以其二皇后卜鲁罕为首的贵族预谋摄政,准备拥立安西王阿难答。与此同时,以中书省右丞相哈剌哈孙为首的权臣设计干政,准备拥立元成宗之侄海山。这两股政治势力为争夺皇位而展开的明争暗斗,虽以前者失败而告终,但也预示着元朝权臣政治和宫廷争斗的开始。中国历史上版图最大的元帝国由此也奔向了衰落的深渊,宫廷内斗则是导致这场悲剧的罪魁祸首。

话说，元朝灭宋朝，南宋幼主赵㬎（宋恭帝）被擒到上都朝见元世祖忽必烈薛禅可汗时，弘吉剌部察必皇后跪奏道：“从古无千年不败的国家，我子孙若能幸免，方为可贺！”忽必烈薛禅可汗听毕此言，陷入深思。有一天，他问权臣参知政事刘秉忠：“依爱卿看，吾朝将败于何人？”刘秉忠紧闭双目合拳抱掌道：“败于西域之人。”忽必烈薛禅可汗对刘秉忠之言不知所谓，便问道：“愿闻其详！”刘秉忠摇头道：“天机不可泄露也，然微臣已泄天机！”言毕，叩别皇帝返回其南屏山雅居，端坐无疾而终。

忽必烈薛禅可汗对刘秉忠所指的西域人，沉思良久，最终怀疑是帝师八思巴，因此，于辛未年（1271 年）命太子真金护送八思巴返回吐蕃。传五世十帝，历时百年传至妥懽帖睦尔可汗，忽必烈薛禅可汗的此番猜疑即成史实。追忆这百年历史，总体可分为三个阶段：

首先，忽必烈薛禅可汗为永葆江山稳固，采

取了诸多措施，例如：

一、为加强中央集权，将全国分为一个中书省直辖区以及十个行中书省；

二、采取“以儒治国，以佛治心”的大政方针；

三、建立皇太子制度；

四、实行新的“三权分立”（分别为行政、军事与监察三权）官制；

五、注重农桑，提高了百姓的生活水平；

六、兴修水利运输，促进南北物资交流；

七、减免赋税，减轻了百姓压力；

八、进行币制改革，发行纸币，振兴了商业；

九、制定蒙古新字，推动文化、教育发展；

十、加强外交，促进了东西方政治、经济、交通及文化交流。

其中最值得一提的是，为防止众臣谋朝篡位出现内乱而效仿汉法建立了皇太子制度。过去，大蒙古帝国的皇位继承事宜均由成吉思汗皇室内部召开大忽里勒台来决定。忽必烈薛禅可汗即位后，皇室内讧加剧，已经无法正常召开忽里勒台。在此历史背景下，忽必烈薛禅可汗效仿汉法建立了皇太子制度，即以父死子继为正宗的皇位继承制度，并在其建立皇太子制度的诏书中明确指出：“嫡子中有克嗣服继统者，豫选定之。”

铁穆耳完泽笃可汗，忽必烈薛禅可汗之孙，是依照皇太子制度继承帝位的首个皇帝。他在位十三年，于大德十一年（1307 年）正月患病驾崩。铁穆耳完泽笃可汗死后，朝中发生内乱，权臣诸王们合谋勾结，明争暗斗，准备推举各自的皇位继承人，致使忽必烈薛禅可汗为永葆江山而采取的措施严重受挫，逆臣贼子趁帝位暂时空虚而预谋夺位，帝政日趋衰落。导致出现该政治局面的罪魁祸首乃铁穆耳完泽笃可汗第二任皇后卜鲁罕。

铁穆耳完泽笃可汗有两个皇后。一个是失怜答里，弘吉剌部斡罗陈之女，年轻貌美，性情温顺，从不干预宫内外琐事，乃明哲保身之人。铁穆耳完泽笃可汗对她倍加宠爱。她生一皇子德寿，大德三年（1299 年）被追册为皇后。另一个是卜鲁罕，忽必烈薛禅可汗的驸马巴牙兀惕部脱里思之女，元贞初年（1295 年）被册封为皇后。卜鲁罕皇后虽无生子，但很有智谋，爱插手宫廷内外事务，她的智谋才干颇受铁穆耳完泽笃可汗称赞。铁穆耳完泽笃可汗晚年一直被重病所扰，卜鲁罕皇后开始代替皇上处理国政大事，这引起了中书右丞相哈剌哈孙的不满。哈剌哈孙是成吉思汗所封三位"答尔罕"之一乞失里之后裔，仗着自己是宗亲元勋后裔，从未将卜鲁罕皇后放在眼里。因此，朝中形成了以卜鲁罕皇后和哈剌哈孙为首的两股敌对政治势力。

铁穆耳完泽笃可汗因深知诸王兴兵夺位的历史典故，在位期间，根据忽必烈薛禅可汗建立的皇太子制度，于大德九年（1305 年）下诏书册立其子德寿为皇太子，使其成为法定帝位继承者。失怜答里皇后的地位迅速上升对卜鲁罕皇后显然构成了一种威胁。她一想到如若有一天德寿继承帝位，失怜答里皇后将取代她，便倍感寝食难安。但是，心善的失怜答里皇后对此毫无反应，万事皆顺从卜鲁罕皇后之意，将所有心思放在了自己儿子身上。不料，德寿被封皇太子数月后突然一命呜呼。失怜答里受此打击，精神失常，很快也离开了人世。对于小太子的猝死，人们都怀疑是卜鲁罕的"杰作"，但是因没有真凭实据，成了元史悬案之一。

铁穆耳完泽笃可汗有两位哥哥。大哥是甘麻剌，自少为祖母察必皇后抚养，长大后时常侍奉祖父元世祖，未尝离其左右。至元中期，奉旨镇北边。至元二十七年（1290 年），被封梁王，出镇云南。至元二十九年（1292 年），被改封晋王，移镇漠北草原，统领太祖四大斡耳朵及军马、达达国土。大德六年（1302 年）去世。二哥是答剌麻八剌，元裕宗真金第二子，其母为弘吉剌部伯蓝也怯赤，从小深受父母疼爱。至元二十八年（1291年），奉旨出镇怀州（今河南沁阳）。答剌麻八剌还未至怀州，因病又被召回大都，于次年不幸病逝，时年二十九岁。

失去独子德寿及皇后失怜答里的铁穆耳完泽笃可汗，原想依蒙古旧例，钦点迎娶其二哥答剌麻八剌的遗孀答己，然后册立答己一子为皇太子以即大位。答己是弘吉剌部按陈之孙浑都帖木儿之女，育有两子，长子是镇守漠北的海山，次子是在大都的爱育黎拔力八达。

大德九年（1305年），趁铁穆耳完泽笃可汗病重，卜鲁罕皇后将答己和幼子爱育黎拔力八达送往怀州（今河南沁阳）。大德十一年（1307年）正月，铁穆耳完泽笃可汗驾崩。卜鲁罕皇后怕海山回大都复仇，命安西王阿难答来京师。她同左丞相阿忽台（蒙古燕只吉台氏人）、诸王明里帖木儿等人预谋先由自己摄政、阿难答辅政，最终将帝位传给阿难答。阿难答是忽必烈薛禅可汗之孙，铁穆耳完泽笃可汗之堂弟，论血统，可以成为皇位法定继承人。但是，自忽必烈薛禅可汗依汉制册立皇储，就赋予了皇太子真金一系继承皇位的正统地位。因此，正统皇位继承人应是铁穆耳完泽笃可汗大哥甘麻剌的长子也孙铁木儿（后来的泰定帝）。卜鲁罕皇后未来得及考虑这些，急于垂帘听政，便拥立安西王阿难答。

正如谚语“人有失足,马有失蹄”所言，丞相阿忽台奉皇后旨，召集廷臣议祔庙用摄政事。太常礼仪院事田忠良争道：“嗣皇帝祔先帝于庙，礼也；皇后教，非制也。”中书参知政事何玮等人也不从。阿忽台变色道：“中丞谓不可行，独不畏死耶？”众皆畏惧，何玮从容道：“死畏不义耳，苟死于义，夫复何畏！”

诡计多端的右丞相哈剌哈孙听众臣辩论，一言未发。朝议结束后，他悉收京城百司符印，封府库，称病卧于宫外。随后，卜鲁罕皇后多次命人前去探望，哈剌哈孙完全不予理睬。此时，镇守漠北的怀宁王海山遣康里部脱脱进京上报守边战报。哈剌哈孙迎见脱脱，向他告知朝政危机，让他速返回漠北报讯，希望怀宁王海山速回大都继承帝位。

起初，选定蒙古可汗继承人乃皇室内部事务，众臣只能听命，各为其主。哈剌哈孙违抗皇后旨意，试图拥立称己意的皇帝。此举为元朝形成谋朝篡位的“权臣政治”埋下了祸根，这也标志着忽必烈薛禅可汗的疑虑成为史实的第二阶段已开始。

康里部脱脱从右丞相哈剌哈孙口中得知京城局势后决定返回漠北。但是，卜鲁罕皇后早已下密旨切断通往漠北的驿路，禁止使节出入。康里部脱脱的哥哥阿沙不花当时也是朝中大臣，他知道事情紧急，便与通政院事察乃商议，改署手中驰驿文书的日期，使其先于卜鲁罕下旨之日，脱脱手持文书北去。康里部脱脱日夜兼程安全抵达怀宁王海山府邸。海山了解京城情况后，虽想立即还朝夺取皇位，但是并未即刻率兵进京，而是静观局势变化。

海山于大德三年（1299 年）受命代替宁远王阔阔出 (忽必烈薛禅可汗第八子) 镇守漠北，防范海都、笃哇等西北叛王的侵扰，因此成了手握军权争夺皇位的主要势力。哈剌哈孙秘密遣康里部脱脱北上送信的同时，还派人南下告知怀州的爱育黎拔力八达朝政危机，提醒其迅速入京。

收到哈剌哈孙密报的爱育黎拔力八达犹豫不决，找来其师李孟商议。李孟进言：“支子不嗣，世祖之典训也。今宫车晏驾，大太子远在万里，宗庙社稷危疑之秋，殿下当奉大母急还宫廷，以折奸谋、固人心。不然，国家安危，未可保也。邪谋得成，以一纸书召还，则殿下母子且不自保，岂暇论宗族乎！”

李孟乃上党（今山西长治）人，字道复。李孟生而敏悟，七岁能文，倜傥有大志，博学强记，通贯经史，善论古今治乱。曾有卜卦者对其父说：“此儿骨相异常，宰辅之器也。”铁穆耳完泽笃可汗在位时，其母阔阔真（真金正妃）让爱育黎拔力八达拜李孟为师。后来，爱育黎拔力八达被贬居怀州时，李孟曾单骑赴怀州追随。李孟常对爱育黎拔力八达进言:“尧、舜之道，孝悌而已矣。今大兄在朔方，大母有居外之忧，殿下当迎奉意旨以娱乐之，则孝悌之道皆得矣。”爱育黎拔力八达谨记恩师教诲，精心照料母亲每日的饮食起居，以表孝道，成了远近闻名的孝子。

听毕李孟这番谏言，爱育黎拔力八达找来其母答己商议，答己皇后表示即刻入京。于是，爱育黎拔力八达随母来到大都。他们一方面奔丧宫中，祭奠皇帝灵柩后返回旧宫；另一方面遣李孟赴右丞相哈剌哈孙府了解朝局。李孟抵达哈剌哈孙府时，恰逢卜鲁罕差人问疾。李孟顿时佯装为医生，向哈剌哈孙虔心作揖后，坐其旁边号诊脉搏。众人均相信他是前来医治哈剌哈孙的，并未起疑。

对于爱育黎拔力八达随母答己突然抵达大都，安西王阿难答和左丞相阿忽台怀疑他们可能是前来争夺皇位的。于是，他们密谋趁为爱育黎拔力八达庆祝生辰之机，除掉这对母子。阿沙不花探得此消息后派人告知哈剌哈孙，且道：“先人者胜，后人者败。后一垂帘听政，我等皆受制于人矣，不若先事而起。”哈剌哈孙遣人密报给爱育黎拔力八达阿沙不花的话，并道：“怀宁王远，不能猝至，恐变生不测，当先事而发。先发者制人，后发者制于人，不可不早图之。”

爱育黎拔力八达集合手下商议如何应对眼下朝局危机，有人道：“皇后深居九重，八玺在手，四卫之士，一呼而应者累万；安西王府中从者如林。殿下侍卫寡弱，不过数十人，兵仗不备，奋赤手而往，事未必济。不如静守，以俟阿合之至，然后图之，未晚也。”李孟听此言厌恶道：“群邪违弃祖训，党附中宫，欲立庶子，天命人心，必皆弗与。殿下入造内庭，以大义责之，则凡知君臣之义者，无不舍彼为殿下用，何求而弗获！克清宫禁，以迎大兄之至，不亦可乎！”

爱育黎拔力八达将李孟之言禀其母答己，答己皇后表示当先事而发。于是，计划于三月二日，就是在阿难答等发动政变前一天，以怀宁王遣使召安西王议事为名宣阿难答和阿忽台进宫，然后以“乱祖宗家法”之罪名将他们擒住。

阿忽台身材魁梧，勇力超群，一般人无法近其身。于是，爱育黎拔力八达将擒拿阿忽台之重任交予察合台四世孙秃剌。因秃剌自小多次同阿忽台摔跤比试，所以对其了如指掌。阿忽台也深知摔不过秃剌。三月二日夜，按原定计划宣阿难答、阿忽台进宫，然后将他们一举擒获。阿忽台当即被杀；安西王阿难答和诸王明里帖木儿被押往上都，在海山登基前被杀；卜鲁罕皇后被禁于宫中。海山称帝后，废掉卜鲁罕的皇后头衔，将其贬居东安州（距今河北廊坊市安次区以西 45 里），后赐毒药将之杀死。以卜鲁罕皇后为首争夺皇位的宫廷政变就此结束。欲知海山兄弟谁来称帝之后事，且看下章分解。

第二章

兄弟互疑朝政陷危机
背弃初约祸根已深埋

本章相继讲述了元武宗海山曲律可汗、元仁宗爱育黎拔力八达普颜笃可汗及元英宗硕德八剌格坚可汗三位皇帝的即位至驾崩史。历史上对这三位皇帝的评价都颇高，他们登基后不仅为政举措英明，并且在政治、经济、文化、外交等多领域做出了不可磨灭的卓越贡献。元武宗在皇位继承问题上约定“兄终弟及，叔侄相传”，虽英年早逝，但信守承诺将皇位传于其弟。元仁宗即位后却在子侄间优柔寡断，在其母答己太后和权臣铁木迭儿的干预下立己子为皇太子，背弃了叔侄相传的誓约。正是这个做法，导致了后来元朝长达二十年的政治混乱及宫廷斗争。元英宗在其心腹大臣拜住的辅佐下以儒治国，推行新政，不料被权臣铁木迭儿余党铁失等人所害，史称“南坡之变”。这说明，任何一个革新派的崛起必然遭遇保守派的阻挠或反扑。政治上的殊死一搏和垂死挣扎无时不在，无处不在。

铁穆耳完泽笃可汗驾崩的消息传至怀州，答剌麻八剌的遗孀答己携子爱育黎拔力八达以奔丧为名回京。在右丞相哈剌哈孙的协助下，以“乱祖宗家法”之罪名处决了左丞相阿忽台、安西王阿难答及诸王明里帖木儿等人，将卜鲁罕皇后贬居东安州，铲除了异己，爱育黎拔力八达掌握了实权。

诸王阔阔出（忽必烈薛禅可汗第八子）、牙忽都（拖雷后裔，薛必烈杰儿之子）等道：“今罪人斯得，太子实世祖之孙，宜早正天位。”爱育黎拔力八达深知其兄海山镇守漠北手握军权，因此不能肆意妄为，而且也不清楚其母答己的态度，所以推辞道：“王何为出此言也！彼恶人潜结宫壸，构乱我家，故诛之，岂欲作威觊望神器耶？怀宁王吾兄也，正位为宜。”言毕找其母答己商议。

答己皇后自小目睹激烈的宫廷斗争，因此平时特别注重笼络人心。她对近臣及宫中奴婢的态度温和，平易近人，所以大家都愿与她交心。虽然已经排除异己，实权已落入爱育黎拔力八达之手，但是对于由哪个儿子继承皇位的问题她还是犹豫不决。于是，她将两个儿子的生辰八字交予阴阳家卜算。阴阳家领会答己皇后心思，已知晓爱育黎拔力八达掌握实权，所以附和道："重光大荒落有灾，旃蒙作噩长久。"重光为海山生年（1281年），旃蒙为爱育黎拔力八达生年（1285年）。于是，答己皇后依阴阳家所言决议让爱育黎拔力八达继承大位，并遣使告知镇守漠北的长子海山。

海山率领三万精兵日夜兼程从阿尔泰山外一路安抚诸王及将士已抵达哈拉和林（今蒙古国后杭爱省额尔德尼召）。闻其弟爱育黎拔力八达发动政变、铲除异己之讯，准备南去接掌皇位。正在此时，其母答己皇后派遣的近臣朵耳传旨道："汝兄弟二人皆我所出，岂有亲疏？阴阳家所言运祚修短，不容不思。"海山听罢此言甚是不满，对康里部脱脱道："我捍御边陲，勤劳十年，又次序居长，神器所归，灼然何疑。今太后以星命休咎为言，天道茫昧，谁能豫知？设使我即位之后，所设施者上合天心，下副民望，则虽一日之短，亦足垂名万年，何可以阴阳之言而乖祖宗之托哉！此盖近日任事之臣，擅权专杀，恐我他日或治其罪，故为是奸谋动摇大本耳！"然后命康里脱脱速速回京探明虚实，海山本人则亲率五千精兵，兵分两路直奔大都。

康里部脱脱抵达大都并向答己皇后禀明海山之意。答己皇后听完，唯恐出现为争夺皇位，兄弟翻脸自相残杀的局面，愕然道："修短之说虽出术家，为太子周思远虑乃出我深爱。贪慭已除，宗王大臣议已定，太子不速来何为？"在一旁的诸王秃列也道："臣下翊戴嗣君，无二心者。"既而答己皇后屏退左右，留康里部脱脱与其道："太子天性孝友，中外属望。今闻汝所致言，殆有谗间。汝归速为我弥缝阙失，使我骨肉无间，相见怡愉，则汝功为不细矣。"脱脱顿首谢道："太母、太弟不烦过虑，臣侍藩邸历年，颇见信任，今归当即推诚竭忠以开释太子。后日三宫共处，靡有嫌隙，斯为脱脱所报效矣。”

答己皇后送走康里部脱脱之后还是不放心，恐生变故，召见阿沙不花并命他北上帮助脱脱向海山转达拥立其继承皇位之意。阿沙不花即刻起程，携几个随从奔赴漠北，行至野马川，望见迎面驰来一队兵马，看清队首是海山和其弟脱脱后，急忙下马跪地请安。阿沙不花首先向海山详细禀明安西王阿难答、左丞相阿忽台及诸王明里帖木儿互相勾结预谋宫廷政变的始末，随即表示了恭迎海山速来即位的拥戴之意，且言道：“太子监国所以备他变，以待陛下，臣万死保其无他。”海山倍感欣慰，因为阿沙不花所言与康里部脱脱所转达的母意如出一辙，故设宴款待阿沙不花并命他先行前往京师，筹备登基相关事宜。

大德十一年（1307 年）五月，海山抵达上都与其母答己皇后及弟爱育黎拔力八达团聚。五月二十一日，宗戚大臣汇聚一堂举行忽里勒台，拥立海山即帝位。海山受诸王及文武百官的朝贺，爱育黎拔力八达向其奉上玉玺，于十二月二十九日将年号改为“至大元年”。至此，避免了一场兄弟夺位的血雨腥风。

海山深知得以成功即位，很大程度上归功于其弟爱育黎拔力八达的平息“内乱”、奋力协助和其母答己皇后的英明决断，所以为示“谢恩”，于至大元年（1308 年），为其母建造兴圣宫并尊其为皇太后，于当年 6 月诏立其弟爱育黎拔力八达为皇太子，授予金宝，同时，在皇位继承问题上约定“兄终弟及，叔侄相传”。

至大四年（1311 年）正月，海山驾崩于大都玉德殿，在位五年，终年三十一岁，蒙古汗号为“曲律可汗”。《元史》对海山曲律可汗的评价是:“武宗当富有之大业，慨然欲创治改法而有为，故其封爵太盛，而遥授之官众，锡赍太隆，而泛赏之恩溥，至元、大德之政，于是稍有变更云。”《蒙文启蒙诠释苍天如意珠》（简称《蒙文启蒙诠释》）和《金轮千辐》中称，海山曲律可汗对蒙古文字的初成做出了巨大贡献。《蒙古博尔济吉忒氏族谱》中记载，海山曲律可汗在位时，授圣僧捌思吉斡节尔喇嘛为国师，首编蒙古文字语音及语法。

说来也奇怪，海山曲律可汗与铁穆耳完泽笃可汗的驾崩之日相同，均是正月初八。因此，皇太后答己对阴阳家的卜言更加深信不疑，海山之子和世琜及图帖睦尔虽已成年，但是遵照约定，协助其次子皇太子爱育黎拔力八达即位。至大四年（1311 年）三月，爱育黎拔力八达顺利登基，史称“普颜笃可汗”。

爱育黎拔力八达长在大都，早年师从儒学家李孟，因此深受儒家传统思想影响。爱育黎拔力八达常言道：“修身治国，儒道为切。儒者可尚，以能维持三纲五常之道也。”爱育黎拔力八达因自小随母生活，故一切听从其母安排，所以，对答己屡次干预朝政，爱育黎拔力八达只能是听之任之、无可奈何。故《元史》中记载：“事皇太后，终身不违颜色。”

爱育黎拔力八达即位后重视儒学、复兴科举、选贤纳士、发展农桑、整顿赋税，减轻了百姓的压力。他本想在在位期间做出点政绩，但是由于皇太后答己一直从旁干预，使之受到严重阻碍。尤其是爱育黎拔力八达准备册封其师李孟为中书省右丞相时，皇太后答己却先下旨册封其亲信铁木迭儿，爱育黎拔力八达对此虽然感到极为不满，但是无奈只能顺从其母意。

铁木迭儿乃奸诈、贪婪之徒，为蒙哥可汗在位期间的大将军木儿火赤之子。他在铁穆耳完泽笃可汗执政年间，被授同知宣徽院事，兼通政院使；在海山曲律可汗执政年间，任云南行省左丞相；在爱育黎拔力八达普颜笃可汗执政年间，因深得皇太后答己宠信晋升为中书省右丞相。铁木迭儿入中书省后，发放盐票，从中获利，中饱私囊，增加江南地区的田税，百姓苦不堪言。

对此，以赵世延为首的内外监察御史四十余人联合上奏，弹劾铁木迭儿。爱育黎拔力八达普颜笃可汗闻听铁木迭儿罪状震怒，罢其相位，升御史中丞萧拜住代之，封杨朵儿只为侍御史。杨朵儿只上任后，联合萧拜住和上都留守司事贺胜揭露铁木迭儿贪奸暴行，并上奏爱育黎拔力八达普颜笃可汗准备将之问罪斩首。见此情形，铁木迭儿藏匿于答己宫中。

爱育黎拔力八达普颜笃可汗不想让母后为难，赦免了铁木迭儿，无奈撤降杨朵儿只之职。在皇太后答己的庇护下，铁木迭儿一年后被封为太子太师，重返朝政。历史上对爱育黎拔力八达普颜笃可汗的评价是“天性慈孝，聪明恭俭，通达儒术，妙悟释典”。但是，他的“天性慈孝，聪明恭俭”却使得奸诈贪婪之辈谋权夺利、跋扈朝野、陷害忠良，并给其子硕德八剌种下祸根。“通达儒术，妙悟释典”的普颜笃可汗却在皇位继承问题上扮演了自私自利之角色。他背弃了“兄终弟及，叔侄相传”之初约，传位于其子硕德八剌，封海山曲律可汗长子和世瑓为周王，坐镇云南。

延祐七年（1320 年）正月，爱育黎拔力八达普颜笃可汗驾崩于光天宫，寿三十六，在位十年。四天后，皇太后答己下旨恢复被罢免的铁木迭儿中书省右丞相之职。官复原职的铁木迭儿做的第一件事就是报复曾弹劾他的御史台臣。先是以违抗太后旨意之罪枉杀萧拜住、杨朵儿只二人，接着又诬陷贺胜乘赐车迎诏不恭，将之逮杀。

延祐七年三月，依照皇太子制度，硕德八剌即位，蒙古史称“格坚可汗”。硕德八剌于大德七年（1303 年）出生在洛阳附近的怀州王府，自幼受儒学熏陶，与答己的政见完全不同。延祐三年（1316 年）春，爱育黎拔力八达普颜笃可汗背弃初约，欲立其子硕德八剌为太子，时年十三岁的硕德八剌拜见祖母皇太后答己道：“臣幼无能，且有兄在，宜立兄，以臣辅之。”在延祐七年三月的登基大典上，硕德八剌展露了谨慎稳重和威严刚毅一面。朝气满满的少年皇帝令皇太后答己深深感觉到其地位、权威受到威胁。

硕德八剌即位第二年的第一件事是擢升挚友拜住为中书省左丞相，以此来遏制铁木迭儿的权力扩张。拜住乃木华黎后人，忽必烈薛禅可汗在位时的右丞相安童之孙。因其宗族血统显赫，故在朝中威信甚高。拜住五岁时父母相继离世，在其祖母身边长大。至大二年（1309年），承袭怯薛长职位。延祐二年（1315年），拜资善大夫、太常礼仪院使。他每次参议大政，辄问是否合于典故，常向儒士咨访古今典章制度和治乱得失，被誉为“蒙古贤士”。

硕德八剌与拜住之间的友谊是从爱育黎拔力八达普颜笃可汗在位时就已经建立起来的。硕德八剌被立为皇太子时，拜住任怯薛长。拜住长硕德八剌五岁，硕德八剌对拜住的学识、才干赏识有加。在硕德八剌登基大典上，诸王群臣汇聚大明殿，拜住奉命从金柜里取出太祖宝训，仪态端庄、气宇轩昂、语音明畅地大声诵读，众臣无不佩服，皆静静聆听。硕德八剌即位后重用拜住，一切政务听取他的意见，并予以支持。这样一来，由威压三朝的皇太后答己及其爪牙铁木迭儿组成的反对皇帝派，同由年轻气盛的硕德八剌格坚可汗及其密友拜住组成的以儒治国派争夺权力的斗争开始加剧。

至治二年（1322年）八九月间，铁木迭儿和皇太后答己已知无力掌控朝局，均饮恨成疾。答己对铁木迭儿劝言：“我已老矣，你也该识时务退位自保，所谓‘一朝天子一朝臣’，切莫嚣张跋扈、作茧自缚！”铁木迭儿听罢此言，就像被泼了一盆凉水，从头冷到脚，但是并不甘心。于是他找来中书平章政事黑驴、御史大夫脱忒哈、徽政院使失列门等密谋对策。

不料勾结谋逆之事被揭发，拜住经审讯查明后上奏道：“此辈擅权乱政久矣，今犹不惩，阴结党与，谋危社稷，宜速施天威，以正祖宗法度。”硕德八剌格坚可汗道：“彼若借太皇太后为词，奈何？”于是下令诛杀黑驴、脱忒哈及失列门，并抄其家产。此举使得以太皇太后及铁木迭儿为首的权贵逆党受到重创。

从此，铁木迭儿称病不朝。铁木迭儿闻拜住奉旨往范阳为其祖木华黎修建寺庙立忠宪王碑的消息后，趁机入朝拜见硕德八剌格坚可汗，企图恶言诋毁拜住，挑拨离间帝相之谊。未料，硕德八剌格坚可汗却遣人向铁木迭儿赐酒，并传旨道："卿年老宜自爱，待新年入朝未晚。"铁木迭儿对此怀恨至极，病死家中。太皇太后答己见铁木迭儿已死，再加上硕德八剌格坚可汗重用拜住，疏远自己，积恨成疾，于至治二年（1322年）九月在兴圣宫病逝。

答己和铁木迭儿的相继去世给硕德八剌格坚可汗推进新政提供了机会和条件。他首先下诏册封拜住为中书省右丞相，对其道："朕委卿以大任者，以乃祖木华黎从太祖开拓土宇，安童相世祖克成善治也。卿念祖宗令闻，岂有不尽心者！"拜住叩道："陛下委臣以大任，臣有所畏者三：畏辱祖宗；畏天下事大，识见有所未尽；畏年少不克负荷，无以上报圣恩耳。"硕德八剌格坚可汗又问拜住道："今亦有如唐魏征之敢谏者乎？"拜住对道："盘圆则水圆，盂方则水方。有太宗纳谏之君，则有魏征敢谏之臣。"从此，硕德八剌格坚可汗对拜住更赞赏有加。

拜住全力辅佐硕德八剌格坚可汗推行新政，重用张珪、虞集等汉族官僚和儒士，整顿朝纲，裁减冗官，推行"津助赋役法"，减轻百姓劳役负担，颁行了《大元通制》。历史上的每次政治改革总会触及一部分人的利益。硕德八剌格坚可汗推行的新政，使部分贵族及宗亲权臣的特权受到威胁，他们就是刘秉忠所预言的"西方人"。硕德八剌格坚可汗和拜住丞相早已看出这些人奸诈、贪婪、腐败的真实嘴脸，决定将政治改革的箭头直指他们。硕德八剌格坚可汗首先向阻碍推行新政的铁木迭儿余党开刀，诛杀了铁木迭儿之子八里吉思和宣政院使囊加歹。这引起铁木迭儿余党的不满和恐惧，开始密谋邪恶对策。

铁木迭儿义子铁失时任御史大夫兼忠翊侍卫亲军都指挥使。其父是亦乞列思部昌王阿失驸马，其母是铁穆耳完泽笃可汗之女昌国公主益里海雅，其妹是硕德八剌格坚可汗的皇后速哥八剌。爱育黎拔力八达普颜笃可汗在位时，他作为国舅深受皇恩，担任太医院使之职。至治元年（1321 年），被封为御史大夫，兼忠翊侍卫亲军都指挥使。爱育黎拔力八达普颜笃可汗时期，他与中书省右丞相铁木迭儿互相勾结，疯狂敛财。铁木迭儿死后，硕德八剌格坚可汗诛杀其子八里吉思，抄其家产。

铁失对此极为畏惧，于至治三年（1323 年）八月二日同诸王月鲁帖木儿、知枢密院事也先铁木儿勾结密谋发动政变，企图拥立镇守漠北的晋王也孙铁木儿继承大位，并遣使北去。至治三年（1323 年）八月五日，硕德八剌格坚可汗自上都南返大都，于途中距上都西南二十里的南坡店驻营。当日夜晚，铁失与赤斤铁木儿发动政变，以阿速卫军为外应，闯入帷幄弑杀拜住。铁失则直犯禁幄，手弑硕德八剌格坚可汗于卧所。硕德八剌格坚可汗被害时年仅二十一岁，在位三年。史书上谓硕德八剌格坚可汗："果于诛戮，奸党畏惧，遂构大变。呜呼！"

第三章

燕铁木儿趁战乱夺权 泰定帝突崩遗留谜团

逆臣铁失虽然弑杀皇帝，发动政变成功，但是他并非皇室成员，没有资格继承皇位。故此，他贡献玉玺于忽必烈之孙甘麻剌的长子晋王也孙铁木儿，史称“泰定帝”。不料，泰定帝即位后清剿了铁失及其余党，平反昭雪了被害忠臣，并册封其子阿速吉八为皇太子。然而，在其驾崩后权臣燕铁木儿发动政变拥立元武宗次子图帖睦尔在大都称帝，皇太子阿速吉八在上都即位。接着就出现了“两都之战”，即大都的元武宗与上都的泰定帝两系势力为争夺帝位而进行的内战。此战，削弱了元廷实力，使元王朝濒临危亡。战胜方为前者元文宗图帖睦尔札牙笃可汗，他即位后迫于元仁宗“推奉圣兄、谦居储贰”的前例，遣使往迎其兄和世瑓，昭告天下禅让皇位。元明宗和世瑓忽都笃可汗在一片拥戴声中于哈拉和林即位，并效仿其父元武宗，册立其弟为皇太子。但是，这位还未进京真正稳坐皇位的元明宗，在与其弟见面抱头痛哭后的第四日突然暴毙，原因不详。史上猜测，此乃元文宗和燕铁木儿设计谋杀所致。

硕德八剌格坚可汗及拜住丞相被铁失等奸臣杀害后，诸王按梯不花和也先铁木儿赴漠北将皇帝玉玺献奉给晋王也孙铁木儿。晋王也孙铁木儿乃甘麻剌长子，其母是弘吉剌部普颜怯里迷失王妃。忽必烈薛禅可汗在位期间封其第四子那木罕为北平王，镇守漠北。那木罕死后，忽必烈薛禅可汗封其孙甘麻剌为晋王，掌管成吉思汗大斡耳朵及祭祀大典事宜。甘麻剌死后，其长子也孙铁木儿承袭晋王爵位，同样掌管成吉思汗大斡耳朵及祭祀大典事宜。

《元史》记载，也孙铁木儿与铁穆耳完泽笃可汗、海山曲律可汗、爱育黎拔力八达普颜笃可汗均定下盟约，并向他们递交了拥立盟书，因此，他不具备继承皇位的条件。发生“南坡之变”之前，他从未奢望即位之事。铁木迭儿余党铁失等虽发动了政变，但是他们并非皇室成员，所以没有资格继承皇位。他们必须找一位皇室嫡派人员作为其政治代表，于是选择了坐镇漠北，握有兵权的晋王也孙铁木儿。

晋王也孙铁木儿王府有一个内史叫作倒剌沙。他常常刺探朝廷机密事务，并派其子哈散侍奉丞相拜住，后其子成为宿卫人员。硕德八剌格坚可汗遇害前，哈散返回王府向其父禀报御史大夫铁失与丞相拜住经常意见不合，朝局不稳。

至治三年（1323年）八月，晋王也孙铁木儿行猎于秃剌之地时，铁失派遣密使告道："我与哈散、也先铁木儿、失秃儿谋已定，事成，推立王为皇帝。"也孙铁木儿听罢震怒，下令逮住密使，并派遣别烈迷失作为晋王私使前往上都上告铁失等辈的谋逆之事。但是派去的使差还未赶到上都，"政变"早已实施完成。也孙铁木儿对铁失等发动的政变采取的策略实为万全之策。就是说，如若事成，晋王也孙铁木儿喜得皇位；如若败露，他已经遣使揭露，所以也可以全身而退。

晋王王府内使倒剌沙及其子哈散此时已经是参与发动政变的重要成员。政变成功后，晋王也孙铁木儿得到玉玺甚是欢心，并于九月初四，即硕德八剌格坚可汗遇害不到一个月，就在龙居河（今蒙古国克鲁伦河）登基即位，史称泰定帝。

自"南坡之变"后，诸王买奴投奔于晋王府邸。有一日，他见机向也孙铁木儿可汗奏道："不诛合谋图逆，共弑英宗之元凶，则陛下善名不着，天下后世何从而知！"也孙铁木儿可汗顿然醒悟，随即逮住也先铁木儿等一干人，以谋逆之罪将其诛杀并抄其家产。同时，封旭迈杰为中书省右丞相、纽泽为通政院使，并派往大都抄家、诛杀逆贼铁失及其党羽。

至治三年（1323年）十二月，也孙铁木儿可汗移驾至大都，在大明殿接受诸王及百官朝贺。也孙铁木儿可汗继续清剿铁木迭儿余党，抄诸王按梯不花的家，将其流放至海南。参与政变的倒剌沙却毫发未伤，反而被擢升为中书省左丞相。其子哈散闻讯而逃，从此杳无音信。

也孙铁木儿可汗即位后改年号为泰定元年（1324年），下诏为被铁木迭儿陷害的杨朵儿只、萧拜住、贺胜等忠良昭雪。也孙铁木儿可汗还带领文武百官至海云寺，为在“南坡之变”同硕德八剌格坚可汗一起被害的拜住丞相诵经念佛，举行追祭活动，并且，封拜住之子答里麻失里与彻里哈为亲军都指挥使。

也孙铁木儿可汗妥善处置了“南坡之变”毒瘤问题，稳定上下人心，下诏册封其子阿速吉八为皇太子。选定合法继承人之后，也孙铁木儿可汗就过上了高枕无忧的皇帝生活。他却未曾察觉，唯恐天下不乱的某些包藏祸心之臣，会在其驾崩后密谋勾结，另立新君。

一颗善心引和风，一念祸心勾鬼魅。泰定帝也孙铁木儿可汗即位后，天灾不断，多地暴发洪灾、旱灾、蝗灾、地震、山崩、狂风。灾异连连，呈现出了凶兆，也孙铁木儿可汗于戊辰年春，下诏改年号为致和元年（1328年）。是年三月，也孙铁木儿可汗行猎于大都郊外，受风寒，五月返回上都，病情加重，于七月驾崩，享年三十六岁。

左丞相倒剌沙在诸王王禅（也孙铁木儿可汗之弟）的协助下，以皇后八不罕和皇太子阿速吉八之名颁布敕书，遣使赶往大都，让平章政事乌伯都剌安抚官员百姓，收掌百司印章。上都留守司事燕铁木儿乃康里部脱脱之孙，自少为海山曲律可汗宿卫，镇漠北十余年，深得宠爱。燕铁木儿虽已是也孙铁木儿可汗之朝臣，但从未忘却旧主。他违抗上都旨意与西安王阿剌忒纳失里一同策划举事，欲拥立海山曲律可汗次子怀王图帖睦尔为帝，拉拢众多大臣，等待时机。

皇后八不罕和皇太子阿速吉八在上都同百官吊丧也孙铁木儿可汗之后，准备返回大都。足智多谋的燕铁木儿早已得知消息，准备实施计中计。八月初四黎明时分，文武百官会集于兴圣宫，平章政事乌伯都剌准备宣读皇后八不罕和皇太子阿速吉八的旨书。正在此时，燕铁木儿率十七名悍将包围众人，大声喝道：“武皇有圣子二人，孝友仁文，天下归心，大统所在，当迎立之，不从者死！”于是将平章政事乌伯都剌及左丞相伯颜察儿等十人捆绑起来，关进宫狱。

此时，海山曲律可汗长子周王和世㻋远在阿尔泰附近，一时不能赶来。于是，燕铁木儿遣河南行省参政明里董阿及宣政院事答里麻失里，从江陵迎接海山曲律可汗次子怀王图帖睦尔入大都，同时还致密信于河南行省平章政事伯颜，命其率兵护送怀王图帖睦尔进京。

伯颜，蔑儿乞部人，海山曲律可汗旧臣，十五岁开始侍奉海山曲律可汗于宫中。他得到燕铁木儿密信后道："此吾君之子也。吾夙荷武皇厚恩，委以心膂，今爵位至此，非觊万一为己富贵计，大义所临，曷敢顾望。"燕铁木儿回道："公尽力京师，河南事我当自效。"明里董阿抵达江陵向怀王图帖睦尔奏明大都紧急局势，并转达了燕铁木儿之意。怀王图帖睦尔甚为高兴，第二天赴大都途经河南，伯颜迎接于此，率军护送至大都。

怀王图帖睦尔从小过着居无定所、颠沛流离的生活，因此对登上皇位的想法比谁都强烈。但是，他一想到镇守漠北、兵权在手的哥哥和世㻋就心存畏惧、胆战心惊。怀王图帖睦尔见到燕铁木儿推辞道："大兄在朔方，朕敢紊天序乎？"燕铁木儿道："人心向背之机，间不容发，一或失之，噬脐无及。"图帖睦尔道："必不得已，当明诏天下，以着予退让之意而后可。"图帖睦尔于九月一日称帝，以当年为天历元年（1328 年），蒙古汗号"札牙笃可汗"。

图帖睦尔札牙笃可汗在大都称帝的同时，倒剌沙及梁王王禅等在上都奉泰定帝皇太子阿速吉八即帝位，改元"天顺"。这样一来，出现了大都和上都两帝并存的局面。天上怎可出现两个太阳？于是上都的丞相倒剌沙代表正统皇权派兵进攻大都，大都的燕铁木儿率军迎战。这就是致和元年（1328 年）九月大都、上都两君为争夺帝位而进行的内战，史称"两都之战"。

燕铁木儿携其弟撒敦、其子唐其势等同前来进犯大都的天顺帝阿速吉八军队激战之际，于十月十三日坐镇东北的蒙古元帅不花帖木儿（燕铁木儿之叔父）及齐王月鲁帖木儿突袭兵力空虚的上都。留守上都的倒剌沙等无力抵抗溃败，于十月十四日，赤身（赤身乃请罪的标志）捧着玉玺，携文武百官出降。登上皇位不足两月，年仅九岁的天顺帝阿速吉八突然消失。十月二十一日，图帖睦尔札牙笃可汗临御兴圣宫，齐王月鲁帖木儿等向其奉上皇帝玉玺。以倒剌沙为首的上都百官被押往大都，该杀的杀、该关的关、该发配的发配。主谋倒剌沙被分尸于街头，梁王王禅被凌迟处死。

图帖睦尔札牙笃可汗残酷镇压以倒剌沙、梁王王禅为首的上都百官的同时，论功封赏了拥立其登位的以燕铁木儿、伯颜为首的大都百官。燕铁木儿被封太平王，拜中书右丞相、知枢密院事，加号“答剌罕”且世代承袭。伯颜被晋升为御史大夫兼忠翊侍卫都指挥使。

一日，图帖睦尔札牙笃可汗宣太平王燕铁木儿入宫道：“上都平定，余孽扫除，这般大功，统由卿一人造成，朕所深感。但朕的本意，帝位须让予长兄，所以召卿还商，即拟遣使北迎。卿意如何?”燕铁木儿道：“自古立君，有立嫡、立长、立功三大例。以立长言，陛下应让位长兄；以立功言，陛下亦不妨嗣位。”图帖睦尔札牙笃可汗思量片刻道：“说虽如此，然朕心终属未安，宁可让位朕兄，兄如不受，再作计较!”“朕兄还京师，不妨以来春为期；唯朕处遣使，应在今冬，免得朕兄怀疑。”燕铁木儿闻言，不再坚持己见。

天历元年十一月，图帖睦尔札牙笃可汗先后派遣撒迪和哈散赴漠北，迎周王和世㻋入京即位。周王和世㻋乃海山曲律可汗长子。海山曲律可汗于至大元年（1308年）即位，并遵照“兄终弟及”的约定，决定其弟爱育黎拔力八达为皇位继承者。至大四年（1311年）海山曲律可汗驾崩，爱育黎拔力八达即位。但是他即位后，没有遵照“兄终弟及，叔侄相传”的初约立海山长子和世　为皇位继承人，而是册立其子硕德八剌为皇太子。爱育黎拔力八达㻋汗封和世㻋为周王，坐镇云南；封和世㻋之弟图帖睦尔为怀王，遣至江陵（今湖北省江陵）。这其实是权臣铁木迭儿为力保其地位而使出的奸计，也可以说是爱育黎拔力八达普颜笃可汗为其子硕德八剌顺利即位扫清障碍的深谋。

延祐三年（1316年）十一月，和世㻋被封为周王，携海山曲律可汗旧臣秃忽鲁、斡耳朵、尚家奴、孛罗、教化等人作为常侍出守云南。途经延安，遇到海山曲律可汗旧臣厘日、沙不丁、哈八儿秃等人欢迎。那时，和世㻋随臣教化见到老友们，紧紧相拥，热泪盈眶道："天下者，我武皇之天下也，出镇之事，本非上意，由左右构间致然。请以其故白行省，俾闻之朝廷，庶可杜塞离间，不然，事变叵测。"众人听罢教化之言无不心动，于是决定派他赶往大都，向爱育黎拔力八达普颜笃可汗转达此意。

陕西行省丞相阿思罕原是中书省太师，遭铁木迭儿迫害来到陕西，太师之职也被铁木迭儿夺取。因此，阿思罕对铁木迭儿怀恨甚久，欲伺机复仇。等教化等人到达大都时，阿思罕和陕西行省平章政事塔察儿、行台御史大夫脱里伯及中丞脱欢等人取得联系，调拨驻陕西蒙古兵马，以肃清皇帝身边奸党为名，分道从潼关和河中府进军。但是，塔察儿、脱欢途中反水，袭杀阿思罕、教化于河中府。和世㻋听到阿思罕、教化被害的消息后改变赴云南的行程，转西行奔赴察合台汗国。

和世㻋到达阿尔泰山时，察合台汗国也先不花汗率领其众前来迎接。当时，察合台汗国与元朝关系紧张，也先不花汗经常率军袭扰元朝边境。所以，他对和世㻋的到来非常欣喜，将最肥沃的萨彦岭（今新疆塔尔巴哈台）和伊犁河流域奉上供他居住。和世㻋在察合台汗国居住十余年，历经爱育黎拔力八达普颜笃可汗、硕德八剌格坚可汗及泰定帝也孙铁木儿三朝。如今，听到经"两都之战"其弟图帖睦尔继承大位，并遣使表示让位之意，和世㻋甚为高兴。

当时，察合台汗国也先不花汗病逝，秃列帖木儿汗即位。他极力改善同元朝的关系，向元朝进献葡萄酒和骏马等贡品。话说，图帖睦尔札牙笃可汗派遣的撒迪等使臣抵达周王行幄受召见，并启周王和世㻋道："大王以德以长，应有天下；况臣奉命前来，原是请大王早正帝位，一则安天下的人心，二则成皇弟的让德，事机相迫，幸勿迟疑！"周王和世㻋道："平定上都，统是吾弟一手安排，且已称帝改元，君臣分定；我若再即尊位，岂不是多了一帝吗？"撒迪道："仁宗靖变，迎立武宗，至武宗宾天，仁宗始承大统，故例犹在，尽可踵行。"周王和世㻋道："据你说来，我即位后，可规仿前制，立朕弟为皇太子吗？"撒迪道："这个自然，兄弟禅让，仁德两全，不是追美尧舜吗？"

周王和世㻋一时难以决断，召集府使等商议。众臣均急切盼望随主入京，享荣华富贵，自然极力赞成，同声应和。察合台汗国秃列帖木儿汗也劝说周王和世㻋速速入京即位。周王和世㻋反复斟酌众臣之劝进，最终决定遣旧臣孛罗先行入京，探明其弟图帖睦尔札牙笃可汗之本意的同时，传告自己南下入京的消息。上都、大都两地军民听到周王和世㻋派使者到来，争相传告、欢呼鼓舞道："吾天子实自北来矣！"诸王、旧臣们争先准备盛迎周王和世㻋。

周王和世㻋在察合台汗国秃列帖木儿汗大军的护送下，携同尚家奴、哈八儿秃等南下。天历二年（1329年）正月二十七日，周王和世㻋召见前来迎接的图帖睦尔札牙笃可汗使团，知晓其弟让位之意。于二十八日，周王和世㻋即皇位于哈拉和林北边。其随行诸王、大臣及图帖睦尔的使臣撒迪、哈散等都来敬贺，和世㻋蒙古汗号"忽都笃可汗"。接着，从大都运来大量金银币帛敬献于和世㻋忽都笃可汗。

和世㻋忽都笃可汗见一切顺利，很是心喜，便命撒迪还京师向图帖睦尔复命，对撒迪道："朕弟曩尝览观书史，迩者得无废乎？听政之暇，宜亲贤士大夫，讲论史籍，以知古今治乱得失。卿等至京师，当以朕意谕之。"二月，撒迪等返回大都复命。图帖睦尔闻听其兄和世登位，对廷臣道："撒迪还，言大兄已即皇帝位。凡二月二十一日㻋前除官者，速与制敕；后凡铨选，其诣行在以闻。"三月，图帖睦尔派遣右丞相燕铁木儿前往和世琜忽都笃可汗行幄奉上玉玺，并差人送去黄金一千五百两、白银七千五百两、布帛各四百匹，以备赏赐之用。同时，图帖睦尔对其廷臣道："宝玺既北上，继今国家政事，其遣人闻于行在所。"

四月，燕铁木儿抵达皇帝行幄，拜见和世琜忽都笃可汗，率百官献上玉玺。和世琜忽都笃可汗为表彰燕铁木儿之功劳，拜为太师，照旧任命为中书省右丞相。和世琜忽都笃可汗下旨道："凡京师百官，朕弟所用者，并仍其旧，卿等其以朕意谕之。"燕铁木儿奏道："陛下君临万方，国家大事所系者，中书省、枢密院、御史台而已，宜择人居之。"和世琜忽都笃可汗认为言之有理，便分别任命海山曲律可汗旧臣哈八儿秃为中书省平章政事，伯帖木儿为知枢密院事，孛罗为御史大夫。

和世琜忽都笃可汗收取百司符印之后顺利即位，大悦，特命御史台官员道："太祖皇帝尝训敕臣下云：'美色、名马，人皆悦之，然方寸一有系累，即能坏名败德。'卿等居风纪之司，亦尝念及此乎？世祖初立御史台，首命塔察儿、奔帖杰儿二人协司其政。天下国家，譬犹一人之身，中书则右手也，枢密则左手也。左右手有病，治之以良医，省、院缺失，不以御史台治之可乎？凡诸王、百司，违法越礼，一听举劾。风纪重则贪墨惧，犹斧斤重则入木深，其势然也。朕有缺失，卿亦以闻，朕不尔责也。"

和世琜忽都笃可汗还册立图帖睦尔为皇太子，对中书省官员下旨说，朝政一切事宜均先报皇太子再上奏。六月，在大都的图帖睦尔接到册立皇太子诏书的第二天，从京师北迎和世　忽都笃可汗。八月，和世琜忽都笃可汗抵达王忽察都（今河北省张家琜以北）。图帖睦尔以皇太子身份觐见和世琜忽都笃可汗。兄弟二人许久未见，抱头痛哭。和世琜忽都笃可汗为表谢意，宴请其弟图帖睦尔及大臣、诸王于行殿。四天后，和世琜忽都笃可汗突然驾崩，终年三十二岁。他在进京途中只做了六个月零九天（1329 年 1 月 27 日至 8 月 6 日）的皇帝，和世瑓忽都笃可汗的驾崩成为蒙古史上的不解之谜。

第四章

顺帝蒙冤被放逐远地
卜答失里尊遗诏忠履

元文宗是元朝之中最推崇儒学的皇帝之一，汉文学修养超过之前的所有元朝皇帝。他不仅工于诗词歌赋，擅长书法绘画，而且创建奎章阁学士院，编纂《皇朝经世大典》，文化功勋卓越。他复位后，先册立其长子为皇太子，并将其次子寄养于权臣燕铁木儿府中，后将其兄元明宗遗孀八不沙皇后及幼子接回大都，并在其皇后卜答失里的怂恿下将元明宗另一子妥懽帖睦尔流放远地。元文宗临死前深感懊悔，颁布遗诏让元明宗之子懿璘质班继承皇位。卜答失里皇后虽有让其次子即位的私心，但是终究还是谨遵遗诏传位于元明宗幼子。不料年仅七岁的皇帝突然夭折，权臣极力坚持让元文宗次子燕帖古思即位，但是遭到了卜答失里皇后的拒绝，她宣布迎立远逐他乡的元明宗之子妥懽帖睦尔为帝。妥懽帖睦尔顺利登基，元朝呈现一时的国泰民安之势。本书主人公元朝末代皇帝——元顺帝(元惠宗)妥懽帖睦尔乌哈噶图可汗这才登场。

和世瓎忽都笃可汗驾崩后的第十天，图帖睦尔复位于上都。他昭示天下禅让皇位，北迎其兄和世瓎履行了承诺。但是，最终还是自己坐上了皇位，这难免使世人对和世瓎忽都笃可汗的暴毙心生怀疑。《元史》虽记载了和世瓎忽都笃可汗与图帖睦尔札牙笃可汗的历史轶事，但未见关于和世瓎忽都笃可汗被害的内容。因兄弟二人感情甚密，弑兄夺位的结论无法成立。

图帖睦尔再登皇位，实属权臣燕铁木儿和伯颜之“功劳”。图帖睦尔再次即位后，就追封他俩的上三代为公爵宗王。为铭记燕铁木儿之功勋，在其征战过的大都西郊筑碑树文，并加号“答剌罕”。图帖睦尔在诏书中写道：“燕铁木儿首倡大义，躬擐甲胄，伯颜在河南先诛携贰，使朕道路无虞，两人功无与比，其赏不可与众同。”

图帖睦尔札牙笃可汗是元朝最为推崇儒学的皇帝之一，汉文学修养超过在他之前的所有元朝皇帝。他工于诗词歌赋，擅长书法绘画。在其处理完朝务之暇，时常吟诗作赋，作品颇多。请鉴赏其七律诗两首：

自集庆路入正大统途中偶吟

穿了氁衫便着鞭，一钩残月柳梢边。
二三点露滴如雨，六七个星犹在天。
犬吠竹篱人过语，鸡鸣茅店客惊眠。
须臾捧出扶桑日，七十二峰都在前。

题九华

昔年曾见九华图，为问江南有也无。
今日五溪桥上望，画师犹自欠功夫。

这两首诗在措辞用句方面虽然不那么巧妙、精湛，但是在喻景抒情方面透露出江南诗者风范。图帖睦尔札牙笃可汗在位时创建奎章阁学士院，召集蒙古人、色目人、汉人、南人儒士向皇帝解析古昔治乱得失及先命祖训，为蒙古贵族王公子弟讲经说书。虞集奉命撰写的《开奎章阁奏疏》中云："天历二年三月吉日，天子作奎章阁，万机之暇，观书怡神，则恒御焉。钦唯皇帝陛下，以聪明不世出之资，行古今所难能之事。以言乎涉历，则衡虑困心艰劳之日久；以言乎勘定，则拨乱反正文治之业隆。"

图帖睦尔札牙笃可汗命奎章阁学士院负责编纂《皇朝经世大典》，共计 880 卷。图帖睦尔札牙笃可汗对奎章阁学士院的阿邻帖木儿、忽都鲁都儿迷失、赵世延、虞集等诏曰："昔我祖宗睿知聪明，其于致理之道，自然生知。朕以统绪所传，实在眇躬，夙夜忧惧，自唯早岁跋涉艰阻，视我祖宗，既乏生知之明，于国家治体，岂能周知？故立奎章阁，置学士员，日以祖宗明训、古昔治乱得失陈说于前，使朕乐于听闻。"

图帖睦尔札牙笃可汗的正宫皇后叫作卜答失里，弘吉剌部鲁王雕阿不剌之女，她亲历朝政风波，乃深谋远虑之人。她是一位在元朝末期的夺位之争中极具影响力的女政治家。当时的元朝，社会各类矛盾和封建统治者内部矛盾日趋激化，明争暗斗的夺位之战惨烈不堪。为夺皇位，兄弟叔侄之间展开鱼死网破之战，战胜一方残酷屠杀战败一方。对此，卜答失里深感震撼，心想不仅要知晓宫中礼仪，还要掌握宫廷内斗相关的计谋和经验，方可保住在宫中的地位。于是她虚心请教前朝弘吉剌部皇后及其姑姑，悉心研究内宫权力斗争起因、发展及结局，用心练就应对策略。

泰定元年（1324 年），年方十七的卜答失里同图帖睦尔完婚。泰定二年（1325 年）正月，随图帖睦尔一道南下建康（今江苏省南京市）就藩。致和元年（1328 年）三月，与图帖睦尔被贬居江陵（今湖北省江陵）。在图帖睦尔颠沛流离之艰难时期，卜答失里皇后与其患难与共、同声共气，因此深得图帖睦尔的宠爱及信任。

图帖睦尔札牙笃可汗有两子，长子为阿剌忒纳答剌，次子为古纳答剌（至顺三年三月改名为燕帖古思）。再次即位后，他先封长子为燕王，再册立其为皇太子，自此阿剌忒纳答剌成为皇位继承者。他还将其兄和世瑓忽都笃可汗的遗孀八不沙皇后及子懿璘质班接回大都，封五岁的懿璘质班为鄜王。和世瑓忽都笃可汗还有一子，叫妥懽帖睦尔。他虽年长于懿璘质班，但是由嫔妃所生，故未能封王。

八不沙皇后来到大都后，虽然享受着皇宫奢华、富贵的生活，但是每每想起亡夫和世瑓忽都笃可汗便内心起疑，在其平时言谈中透露出不满之意。卜答失里乃对政治斗争极敏锐之人，从宫中的议论和八不沙的言谈举止中早已觉察八不沙皇后内心深处的愤恨。

一日，卜答失里对图帖睦尔札牙笃可汗言：“皇子虽幼，然将来总是储君，现在鄜王已立，同处宫禁，势必从旁窥伺。明宗暴崩，谣言蜂起，多说太平王燕铁木儿主谋，连皇上亦牵累在内，就是明宗皇后，也怀着疑心，所以语中含刺。妥懽帖睦尔虽为庶出，亦是明宗嫡长，再过几年必讨封王爵，夺嫡之患不可不防。正值年幼，贬居远地方妥！”图帖睦尔乃深受儒学影响之人，故正统思想颇深。听罢卜答失里进言，道：“言之有理！”于是下密诏赐死八不沙，并将十岁的妥懽帖睦尔流放至高丽大青岛。考虑懿璘质班尚年幼，留其在宫中。

至顺二年（1331年）正月，被立为皇太子不久的燕王阿剌忒纳答剌患疾暴毙，古纳答剌也重病不起。图帖睦尔札牙笃可汗和卜答失里皇后伤心不已，邀请喇嘛诵经作法；同时，将次子古纳答剌寄养在太平王燕铁木儿府中，改名为燕帖古思。受命抚养太子的燕铁木儿日夜不分，悉心照料，燕帖古思（古纳答剌）的病情终于日趋好转。但是，图帖睦尔札牙笃可汗由于伤心过度，身患重病，不能亲自上朝处理朝事。

古人云：“鸟之将死，其鸣也哀；人之将死，其言也善。”图帖睦尔可汗已感觉到自己时日无多，遂请来喇嘛诵经作法，不禁回忆起争夺皇位之情形，惨事历历在目，对此深感后悔。心想：谋夺皇位五年，以学识、军功赢得上下拥戴，但是，诸王及百官心中何曾忘却忽都笃可汗？如若违逆众心，立燕帖古思为太子，必将后患无穷。为保国泰民安，欲名垂史册，应册立忽都笃可汗之子。便与皇后商议，卜答失里皇后流泪道：“为今之际，别无他法。”于是图帖睦尔可汗决意下诏，册立和世㻋忽都笃可汗八不沙皇后之子懿璘质班为皇太子。

当时，太平王燕铁木儿依仗其功勋及权势，整日沉溺于酒色，荒淫过度致使体力不堪，抱病在床，故图帖睦尔可汗召见枢密院事伯颜前来商议。伯颜道：“皇子年龄，也与鄜王相仿，何必另立皇侄？”图帖睦尔可汗道：“朕已决定意见，此后倘有改议，无论先帝后不依，我也死难瞑目呢！太平亦应遭劫，将来国事，仗卿做主。汝助皇后成美事，定要全力辅佐鄜王！”伯颜叩谢隆恩洒泪道：“谨遵圣旨，请陛下放心！”说话间，图帖睦尔可汗一命呜呼。

闻听图帖睦尔可汗驾崩的消息，燕铁木儿命人搀扶进宫面见卜答失里皇后奏道："皇上大行，应由皇子嗣位！此时请皇后即颁遗诏，传位皇子为要！"卜答失里皇后拭泪道："大行皇帝，已有遗嘱，命鄘王继承大统。"燕铁木儿顿足道："传位鄘王吗？臣不敢与闻！"卜答失里皇后道："这事不便改议。太傅伯颜，曾与先皇面洽，太平王可去问明，自然洞悉底蕴了。"燕铁木儿不好再说，就出宫寻伯颜而去。

伯颜将图帖睦尔可汗遗诏向燕铁木儿一一告知，并于十月十四日，招文武百官于大都大明殿，宣读图帖睦尔可汗遗诏，鄘王懿璘质班即帝位。卜答失里被尊为皇太后，在兴圣宫受朝贺，摄政处理朝务。鄘王懿璘质班即位四十三天便不幸病逝，年仅七岁。毒害忽都笃可汗的燕铁木儿原本就不同意忽都笃可汗之子即位，如今懿璘质班正好驾崩，燕铁木儿欲复立燕帖古思为帝，便觐见卜答失里太后道："这是命运使然，往事也不必重提了！国家不可一日无君，今日正当继立皇弟呢。"卜答失里太后流泪无语。燕铁木儿继续道："前日命立鄘王，乃是遵着遗嘱，化私为公。现在鄘王已崩，自然皇子应立，此外还有何人？"卜答失里太后擦拭眼泪曰："吾子尚幼，妥懽帖睦尔在广西，今年十三矣，且明宗之长子，礼当立之。"

燕铁木儿听毕大为惊讶，心中暗想：往日毒害八不沙皇后，流放妥懽帖睦尔远地时，卜答失里皇后态度何等坚决，如今却要迎妥懽帖睦尔即帝位，真令人匪夷所思。他对卜答失里太后言道："先帝在日，曾有明诏，谓妥懽帖睦尔非明宗子，所以前徙高丽，后徙静江，今尚欲立他吗？"卜答失里太后道："太平王，你忘却王忽察都的故事吗？先皇帝为了此事，始终不安，所以宁立皇侄。无论妥懽帖睦尔是否为明宗自出，然明宗总称他为子，我今又迎他嗣立，阴灵有知，当不再怨我了！"遂太后命中书右丞阔里吉思速往广西的静江县，迎妥懽帖睦尔。

自古以来，静江山水幽美，景色如画，闻名遐迩。此时，妥懽帖睦尔正在静江之地过着悠闲、惬意的日子。在这期间，他寓居于大圆寺中，受该寺的秋江长老教导，学习了《论语》《孝经》，并每日练习写字两张。他因长期不洗头发，滋生跳蚤，于是村中一婆婆给他冲洗。妥懽帖睦尔很敬重地对婆婆说道："跳蚤虽吸了我的血，但切勿杀之，将它们包于纸屑悬梁冻之！"婆婆言道："此地无冬季，故不能冻藏跳蚤。"他经常带领二三十个小孩做纸旗杆插在城上，还爱好游泳戏水、抓捕鸟禽、采集野果等。秋江长老常教导他："太子乃国家金枝玉叶，不比凡民，见大官人来，切不可妄发言，亦不可不自重。"于是，每当有官吏来寺里巡查时，妥懽帖睦尔就正襟危坐，官吏一旦离开，就嬉戏如初。

《草木子》（卷之三上·克谨篇）中写道："庚申帝幼年远贬南服。舟泛清江。忽有二老猴登舟献果而拜。及去，使人尾之，至山洞中，群猴凡四五百。上命近寺僧每日设饭饲之。及癸酉还都登基，群猴复相率拜送。"

妥懽帖睦尔自静江之地途经驿站抵达大都郊外，卜答失里太后命太常礼仪院使出京迎接。久病初愈的燕铁木儿也携文武百官至良乡(今北京市房山区）迎驾。妥懽帖睦尔曾见过燕铁木儿的威仪，虽容貌憔悴许多，但余威尚在。燕铁木儿与妥懽帖睦尔两马并驰，随意扬着马鞭，满脸横肉，面无表情地问道："嗣皇此来，亦知迎立的意思，始自何人？"妥懽帖睦尔默然不答。燕铁木儿道："这是太后的意旨。从前札牙笃皇帝遇疾大渐，遗命舍子立侄，传位鄜王，不幸即位未几，遽尔崩殂。太后承札牙笃皇帝余意，以弟殁兄存，所以遣使迎驾，愿嗣皇鉴察！"妥懽帖睦尔仍无言。燕铁木儿道："老臣历事三朝，感承厚遇，每思札牙笃皇帝，大公无我，很是敬佩，所以命立鄜王，老臣不敢违命；此次迎立嗣皇，老臣亦很是赞同。"语至此，眼睁睁瞧着妥懽帖睦尔，不料妥懽帖睦尔仍然不答。燕铁木儿暗叹道："看他并不是傀儡，如何寂不一言！莫非明宗暴崩，他已晓得我等密谋？看来此人居心，很不可测，我在朝一日，总不令他得志，免得自寻苦恼呢？”于是心存疑虑，回京后过了好几个月也没有立妥懽帖睦尔为帝。

至顺四年（1333年）六月，燕铁木儿纵欲过度而亡。卜答失里太后与枢密院事伯颜商议后，决定立妥懽帖睦尔为帝，曰：“万岁之后，其传位于燕帖古思，若武宗、仁宗故事。”于至顺四年（1333年）六月初八，妥懽帖睦尔接受皇帝玉玺，即位于大都，受文武百官朝贺。在其登基后，诏书中写道：

> 洪惟我太祖皇帝，受命于天，肇造区夏；世祖皇帝，奄有四海，治功大备；列圣相传，丕承前烈。我皇祖武宗皇帝入纂大统，及致和之季，皇考明宗皇帝远居朔漠，札牙笃皇帝戡定内难，让以天下。我皇考宾天，札牙笃皇帝复正宸极。治化方隆，奄弃臣庶。
>
> 今皇太后召大臣燕铁木儿、伯颜等曰：“昔者阔彻伯、脱脱木儿、只儿哈郎等谋逆，以明宗太子为名，又先为八不沙始以妒忌，妄构诬言，疏离骨肉。逆臣等既正其罪，太子遂迁于外。札牙笃皇帝后知其妄。寻至大渐，顾命有曰：‘朕之大位，其以朕兄子继之。’”时以朕远征南服，以朕弟懿璘只班登大位，以安百姓，乃遽至大故。皇太后体承札牙笃皇帝遗意，以武宗皇帝之元孙，明宗皇帝之世嫡，以贤以长，在予一人，遣使迎还。征集宗室诸王来会，合辞推戴。今奉皇太后勉进之笃，宗亲大臣恳请之至，以至顺四年六月初八日，即皇帝位于上都。
>
> 於戏！惟天、惟祖宗全付予有家，栗栗危惧，若涉渊冰，罔知攸济。尚赖宗亲臣邻，交修不逮，以底隆平。其赦天下。

十月，改至顺四年年号为“元统元年”。和世㻋可汗侍臣阿鲁辉帖木儿乃窝阔台可汗之子灭里的六世侄。他向妥懽帖睦尔可汗奏道：

"天下事重，宜委宰相决之，庶可责其成功；若躬自听断，则必负恶名。"妥懽帖睦尔乌哈噶图可汗准其奏，故封伯颜为中书省右丞相，将所有朝政大权交于他，自己却"深居宫中，每事无所专焉"。同时，册封燕铁木儿之女答纳失里为皇后。欲尊卜答失里太后为太皇太后，监察御史泰不华奏道："婶母不宜加徽称，相臣不当受王土。"于是作罢。妥懽帖睦尔可汗为卜答失里设徽政院，安置366员官属侍奉。元统二年（1334年）十月，为卜答失里上尊号"赞琜开圣仁寿徽懿昭宣皇太后"。封燕铁木儿之弟撒敦为左丞相，赐燕铁木儿之子唐其势承袭其父太平王爵位，封伯颜为秦王。

妥懽帖睦尔乌哈噶图可汗即位后，妥善处置各方人员势力的利益，举朝内外广受拥戴，呈现出一时的国泰民安之势。

第五章

伯颜独秉国政乱朝纲
少君幡然醒悟昭父雪

元顺帝登基初期，其实是一个"深居宫中，每事无所专焉"的傀儡皇帝。继燕铁木儿后而兴起的权臣伯颜以右丞相的身份专擅朝政，但是燕铁木儿家族的势力仍然很大，其弟撒敦为左丞相，儿子唐其势为御史大夫，女儿答纳失里还拥有皇后之尊。唐其势升为左丞相后欲与伯颜争权，遂与撒敦弟答里密谋发动政变，欲杀伯颜废顺帝另立新君。伯颜粉碎唐其势政变后，一手遮天，扰乱朝纲，大肆排斥异己，废科举，聚敛财富，穷奢极欲，甚至不把皇帝放在眼里。伯颜的倒行逆施使社会矛盾原本就十分尖锐的元朝更加动荡不安。看在眼里痛在心里的元顺帝联合伯颜的侄儿脱脱想除掉伯颜。而伯颜也蠢蠢欲动，与太皇太后卜答失里合谋欲以燕帖古思取代顺帝。顺帝与脱脱利用伯颜出猎之机，发动政变，罢黜伯颜。至此伯颜时代落下帷幕，顺帝才得以亲政。顺帝为报杀父之仇，下诏毁太庙文宗室，废太皇太后卜答失里并将之赐死，流放燕帖古思。顺帝改年号为"至正"，任命脱脱为右丞相，宣布将"与天下更始"，准备大展宏图、中兴元朝。

岁月如梭，时光荏苒，不觉妥懽帖睦尔可汗即帝位已有三年。左丞相撒敦病逝后，右丞相伯颜独揽朝权，专权自恣。对此，御使大夫唐其势颇为不满，忿曰：“天下本我家天下也，伯颜何人，而位居吾上！”唐其势的嫉妒之心作祟，开始愤恨重用伯颜的妥懽帖睦尔可汗。于是，唐其势致函其叔答里表示，丞相伯颜专横跋扈，妥懽帖睦尔愚昧不堪，欲废帝拥立蒙哥可汗后裔晃火帖木儿。答里接到密函，遂与诸王晃火帖木儿商议。原先就对妥懽帖睦尔继承皇位极为不满的晃火帖木儿，当即表示助答里率军入京，发动政变废除妥懽帖睦尔。

郯王彻彻秃（蒙哥可汗后裔，晃火帖木儿之兄）探得此消息并上奏妥懽帖睦尔可汗。妥懽帖睦尔可汗当即下诏，命答里入京面圣。诡计多端的答里谎称不便，并未朝见。于是，妥懽帖睦尔可汗同丞相伯颜商议，严加防范唐其势等图谋政变。伯颜暗想利用这绝佳机会铲除唐其势及其党羽，便奉妥懽帖睦尔可汗之命，派兵死守城门要地，如若唐其势逆党擅闯皇宫，随时准备抓捕。

觉察到举事已败露的唐其势，于六月三十日夜，在大都东郊伏兵，并携其弟塔剌海及五十余名勇士攻入皇宫。早有准备的伯颜与侍卫亲军都指挥使完者帖木儿率兵迎战，生擒唐其势。被当场擒获的唐其势拼命抓住宫殿木栏，不肯罢手。其弟塔剌海惊吓之余，躲进答纳失里皇后宫中。待伯颜带领亲军搜查皇后内宫时，答纳失里皇后将塔剌海藏匿于座下，用衣襟遮挡。伯颜命亲军拽出塔剌海当场斩杀，血溅了皇后一身。唐其势也被拖至街上诛杀。唐其势同党赴上都向塔里求援。塔里在率部来援的途中遭遇伯颜派遣的亲兵，战败被杀，晃火帖木儿也自杀身亡。就这样，唐其势等逆党发动的政变犹如过眼云烟，被迅速平定。

之后，伯颜觐见妥懽帖睦尔可汗道："岂有兄弟谋不轨而姊妹党之者乎！"妥懽帖睦尔可汗未作答。于是伯颜大为恼火，大声喝令亲军抓捕答纳失里皇后，但是侍卫亲军没有皇帝的旨意怎能胆敢入宫抓人？故伯颜亲自入宫，将答纳失里摁倒在地。答纳失里皇后大呼："陛下救我！"妥懽帖睦尔可汗道："汝兄弟为逆，岂能相救邪！"故此，伯颜将答纳失里皇后带到大都郊外的一平民家中毒死。

伯颜平定唐其势兄弟的叛乱，再立新功，深得妥懽帖睦尔可汗的宠信。妥懽帖睦尔可汗下诏赐伯颜"答剌罕"的称号，世代承袭。中书省、监察院、枢密院百官畏惧深得帝宠的伯颜之权威，有些官员开始对其阿谀奉承。平章政事彻里帖木儿知晓伯颜厌恶科举制度，便请奏停废科举，将学校庄田改为军卫衣粮供给基地。对此，监察御史吕思诚等十九人极力反对，合力弹劾，要求罢免彻里帖木儿之职。

参政院使许有壬拜见右丞相伯颜问道："太师主持政柄，作育人才，奈何把罢除科举的事情，不力去挽回吗？"伯颜怒道："科举有甚么用处？"许有壬道："科举若罢，天下才人，定多觖望！"伯颜道：

“举子多以赃败，朝廷岁费若干金钱，反好了一班贪官污吏！我意很不赞成。”许有壬道：“从前科举未行，台中赃罚无算，并非尽出举子。”伯颜道：“科举虽罢，士子欲求丰衣美食，亦能有心向学，何必定行科举？”许有壬道：“志士并不谋温饱，不过有了科举，便可作为进身的阶梯，他日立朝议政，保国抒才，都好由此进行呢。况科举制度，已行了数十年，祖宗成制，非有弊无利，不应骤事撤除。还请太师明察！”伯颜道：“箭在弦上，不得不发，此事已有定议，未便撤销，参政亦应谅我苦心呢！”伯颜遂于次日入朝，将停办科举的诏书宣读于众臣之前。

面对凶兆频显、天灾不断，妥懽帖睦尔可汗以“祖述世祖”为名改“元统”三年年号为“至元”元年，并尊皇太后卜答失里为“赞天开圣徽懿宣昭贞文慈佑储善衍庆福元太皇太后”。诏曰：“钦唯太皇太后，承九庙之托，启两朝之业，亲以大宝，付之眇躬。尚依拥佑之慈，恪遵仁让之训，爰极尊崇之典，以昭报本之忱。庸上徽称，宣告中外。”颁布此诏书之日，卜答失里太皇太后欢喜万分，在兴圣宫受百官朝贺。妥懽帖睦尔可汗还开仓放粮，分赏百官及其家眷。

平章政事彻里帖木儿向来贪婪无度，故趁机谎报弟媳为其女，骗取皇上分赏。监察院使臣因彻里帖木儿奸诈、阿臾奉承及提出废除科举制，一直对之厌恶至极，便以欺君之罪参奏于他。伯颜暗想，自停废科举以来，彻里帖木儿自恃功高，连自己也不放在眼里，因此欲利用弹劾上奏将其赶出中书省，于是向妥懽帖睦尔可汗奏道：“彻里帖木儿异想天开，竟将妻弟阿鲁浑沙儿之妻，认为己女，冒请珠袍等物。平日尝指斥武宗为‘那壁’（文言文中的‘彼’字），无视君王，理应诛杀。但念其罢科举之头功，应该远谪。”妥懽帖睦尔可汗准奏，故将彻里帖木儿远逐至南安。

伯颜见妥懽帖睦尔可汗如此听信于他，为使皇上更加宠信他，请奏追封妥懽帖睦尔可汗生母迈来迪。妥懽帖睦尔可汗龙颜大悦，遂令礼部议定徽称，追尊生母迈来迪为“贞裕徽圣皇后”。正所谓“前车之鉴”，伯颜应该从燕铁木儿家族的兴衰史中吸取教训。但是，他随着权力大增，头脑发热，忘乎所以，嚣张跋扈，独揽大权，甚至将皇上也搁置一旁，步燕铁木儿之后尘。一些知晓伯颜出身的蒙古贵族亲王和功臣后裔，对其表示厌恶的同时，还私下议论：“伯颜何等出身，谁人不知？何以如此傲慢？”伯颜大怒，心想：“我身居太师首臣之位，他们竟敢如此羞辱于我？”便寻机报复，首当其冲的便是郯王彻彻秃。

郯王彻彻秃乃蒙哥可汗后裔。以前，蔑儿乞惕部为蒙哥可汗属民，蔑儿乞惕部伯颜起初为彻彻秃家奴。海山曲律可汗在位时他升为怯薛官。图帖睦尔札牙笃可汗在位时，伯颜屡立战功被封为中书省左丞相，拜皇宫常侍府常侍。图帖睦尔札牙笃可汗驾崩后，伯颜成为其皇后卜答失里的心腹。元统二年（1334 年），一举歼灭燕铁木儿余党唐其势等发动的政变，荣升中书省右丞相，加号“答剌罕”。伯颜任奎章阁大学士，总领蒙古、钦察、阿速特诸卫亲军都指挥使。伯颜听到有些贵族王亲揭其旧伤疤，如此低劣不堪地议论自己，首先记恨于郯王彻彻秃，于是诬陷郯王彻彻秃图谋不轨，意图造反，启奏皇上将其诛杀。

彻彻秃乃最先揭发唐其势逆党奸计的功臣，妥懽帖睦尔可汗准备重用，因此对伯颜启奏的彻彻秃有谋反之意完全不信，所以未予准奏。但是，伯颜不顾圣旨，仍将彻彻秃杀害，同时，还革去宣让王帖木儿不花（忽必烈薛禅可汗之孙，脱欢之子）、威顺王宽彻普化（脱欢之子）的公爵，放逐远地。伯颜不分昼夜地进出于卜答失里太皇太后宫中，密谋废帝政变。他统领的亲军侍卫前簇后拥，多得满街都是，阵仗远超过御驾仪仗和御林护卫军。

至元四年（1338 年），伯颜与卜答失里预谋勾结，计划废除妥懽帖睦尔，另立燕帖古思为帝。不料，他的这个计划被其侄——御使大夫脱脱预先发现。脱脱对其父马札儿台言道：“伯父骄纵已甚，万一天子震怒，则吾族赤矣。曷若于未败图之。”马札儿台点头称是，但毕竟伯颜为其亲兄，而且有抚养脱脱之恩，况且伯颜独揽军政大权，马札儿台迟迟不能决断。于是，脱脱寻其师吴直方商议。吴直方道："《传》有之，'大义灭亲'。大夫但知忠于国家耳，余复何顾焉。"脱脱听完其师的教导，立志"大义灭亲"。

一日，脱脱趁着当值，向妥懽帖睦尔可汗表露忘家殉国之意，但皇上不以为然。当时，妥懽帖睦尔可汗身边的亲军侍卫均为伯颜安插的耳目，唯独阿鲁、世杰班为其心腹。于是，脱脱结交此二人，每日与他们谈论忠义之事，这才使妥懽帖睦尔可汗知晓脱脱之忠心。妥懽帖睦尔可汗下定决心清除伯颜，向脱脱洒泪倾诉敢怒不敢言之委屈，脱脱也为之潸然泪下。

脱脱告退回府之后，便向其师吴直方一一禀告。吴直方言道："此宗社安危所系，不可不密。议论之际，左右为谁？"脱脱答："阿鲁（同名异人）及脱脱木儿（窝阔台可汗次子阔端后裔）。"吴直方道："子之伯父，挟震主之威，此辈苟利富贵，其语一泄，则主危身戮矣。"脱脱听罢为师之警言，随即邀请阿鲁及脱脱木儿至自己府上，饮酒作乐，殷勤款待，从白天至夜晚使他们不得出门。脱脱还登门与皇帝亲卫军世杰班和阿鲁商议，决定增加卫兵和当值亲军，在伯颜入朝面圣时，突然对其实施抓捕。伯颜乃蛮横、奸诈之人，瞧见宫门内外亲军卫兵增多，便问脱脱究竟。脱脱言："天子所居，防御不得不尔。"伯颜听罢，心存怀疑，故增加了自己的侍卫。

至元六年（1340年）二月，伯颜与卜答失里密谋，趁皇上出宫狩猎之际发动政变。故伯颜催促妥懽帖睦尔可汗出宫狩猎，但皇帝以身体欠安为由没有出宫。无论伯颜怎样好言相劝，妥懽帖睦尔可汗就是不去狩猎。于是，伯颜只好伴随太子燕帖古思出宫行猎。待伯颜等出发后，御使大夫脱脱启奏皇帝："伯颜久有异志，兹行率诸卫军马以行，往必不利于社稷。帝幸不与之俱往，无奈太子在柳林何？"妥懽帖睦尔可汗曰："卿大义灭亲，勇履忠诚，不可不赞！明晨朕颁布诏书揭露伯颜奸计。”便召近臣汪家奴和怯薛官月可察儿进宫，宣布革去伯颜太师之爵位，收回其军权；还向阿鲁、世杰班传达密旨，要掌握所有宫门钥匙和派遣心腹把守城门要地；又召翰林院学士杨瑀、范汇二人入宫草诏，详数伯颜罪状，然后命平章政事只儿瓦歹赴柳林伯颜处宣读。还遣太子怯薛官（护卫军统领）月可察儿率三十名骑兵接太子秘密回城。诏曰：

> 朕践位以来，命伯颜为太师、秦王、中书大丞相，而伯颜不能安分，专权自恣，欺朕年幼，轻视太皇太后及朕弟燕帖古思，变乱祖宗成宪，虐害天下。加以极刑，允合舆论。朕念先朝之故，尚存悯恤，今命伯颜出为河南行省左丞相。

伯颜接到圣旨后，遣人到城下问为什么要派他出京为河南行省左丞相。脱脱在城上宣布：“皇上有旨，黜丞相一人，诸从官等皆无罪，可各归本卫！”伯颜请求当面向皇帝辞行，未准许，无奈向河南出发。此时的伯颜，已失去昔日之威严。经过真定时，不禁回想起护送图帖睦尔札牙笃可汗途经此地时的往事。恰巧有几个当地父老过来敬酒，伯颜泪流满面问道：“尔曾见子杀父事耶？”父老曰：“不曾见子杀父，惟见臣杀君。”伯颜惭愧至极，便低下了头。

一个月后，伯颜刚到河南，妥懽帖睦尔可汗再下一道旨，诏令罚伯颜迁于南恩州（今广东省阳春市）。伯颜羞愧难当，病死于途中龙兴路驿站。脱脱秉持忠义，一心辅佐皇帝，兵不血刃就革去了伯颜的功名利禄。听闻伯颜死讯，妥懽帖睦尔可汗不胜欣慰。

至元六年（1340 年）九月，监察院御史官员上报奏章称：“太皇太后，非陛下母也，乃陛下婶母也。前尝推陛下母堕烧羊炉中以死，父母之仇，不共戴天。”妥懽帖睦尔可汗阅完该奏章，深思熟虑后，决定为父母昭雪冤屈，遂诏撤图帖睦尔札牙笃可汗庙主灵位，徙太皇太后卜答失里东安州安置，放太子燕帖古思于高丽。其诏书曰：

昔我皇祖武宗皇帝升遐之后，祖母太皇太后惑于憸慝，俾皇考明宗皇帝出封云南。英宗遇害，正统浸偏，我皇考以武宗之嫡，逃居朔漠，宗王大臣同心翊戴，肇启大事，于时以地近，先迎文宗，暂总机务。继知天理人伦之攸当，假让位之名，以宝玺来上，皇考推诚不疑，即授以皇太子宝。文宗稔恶不悛，当躬迓之际，乃与其臣月鲁不花、也里牙、明里董阿等谋为不轨，使我皇考饮恨上宾。归而再御宸极，思欲自解于天下，乃谓夫何数日之间，宫车弗驾。海内闻之，靡不切齿。

又私图传子，乃构邪言，嫁祸于八不沙皇后，谓朕非明宗之子，遂俾出居遐陬。祖宗大业，几于不继。内怀愧慊，则杀也里牙以杜口。上天不佑，随降殒罚。叔婶不答失里，怙其势焰，不立明考之冢嗣，而立孺稚之弟懿璘质班，奄复不年，诸王大臣以贤以长，扶朕践位。国之大政，属不自遂者，讵能枚举。

每念治必本于尽孝，事莫先于正名，赖天之灵。权奸屏黜，尽孝正名，不容复缓，永惟鞠育罔极之恩，忍忘不共戴天之义。既往之罪，不可胜诛，其命太常彻去脱脱木儿在庙之主。不答失里本朕之婶，乃阴构奸臣，弗体朕意，僭膺太皇太后之号，迹其闺门之祸，离间骨肉，罪恶尤重，揆之大义，削去鸿名，徙东安州安置。燕帖古思昔虽幼冲，理难同处，朕终不陷于覆辙，专务残酷，惟放诸高丽，当时贼臣月鲁不花、也里牙已死，其以明里董阿等明正典刑。

下达该诏书前，监察御史崔敬曾劝说妥懽帖睦尔可汗宽恕燕帖古思和卜答失里之罪，并言道："文皇获不轨之愆，已彻庙祀；叔母有阶祸之罪，亦削洪名。尽孝正名，斯亦足矣。惟念皇弟燕帖古思太子，年方在幼，罹此播迁，天理人情，有所不忍。明皇当上宾之日，太子在襁褓之间，尚未有知，义当矜悯。盖武宗视明、文二帝，皆亲子也，陛下与太子，皆嫡孙也。以武皇之心为心，则皆子孙，固无亲疏；以陛下之心为心，未免有彼此之论。臣请以世俗喻之：常人有百金之产，尚置义田，宗族困厄者，为之教养，不使失所。况皇上贵为天子，富有四海，子育黎元，当使一夫一妇无不得其所，今乃以同气之人，置之度外，适足贻笑边邦，取辱外国。况蛮夷之心，不可测度，倘生他变，关系非轻。兴言至此，良为寒心！臣愿杀身以赎太子之罪，望陛下遣近臣迎归太后、太子，以全母子之情，尽骨肉之义，天意回，人心悦，则宗社幸甚！”妥懽帖睦尔可汗未予理会。

后人对妥懽帖睦尔可汗此举评论道：“历史上虽有图帖睦尔札牙笃可汗弑兄夺位的猜测，但是他决意立其兄之子为帝，不能不说是忠义之举。作为札牙笃可汗兄忽都笃可汗之子，不可这般行事。虽将札牙笃可汗之神位撤出太庙，废黜叔母尊号亦可看作尽孝道，但不容燕帖古思，将其放逐杀害不符忠义之情理。妥懽帖睦尔可汗只知为其父母沉冤昭雪，却不知丧失大义乃可惜可叹！”

妥懽帖睦尔可汗罢免了图帖睦尔札牙笃可汗在位时任命的官员，并将奎章阁改为宣文阁。年末，以除旧布新为由改“至元”七年年号为“至正”元年。翰林学士承旨巎巎奏道：“古昔取人材以济世用，必由科举，何可废也。”于是妥懽帖睦尔可汗颁布了恢复科举的诏书。

第六章

启用名臣后裔兴新政
编修三朝史书阐得失

本章主要介绍了脱脱、阿鲁图、朵儿直班等忠心辅佐元顺帝的名臣后裔及巙巙、崔敬等文臣的功绩。元顺帝命脱脱为总裁官,诏修宋、辽、金三史。三史是元顺帝亲自下诏编写,先后由脱脱、阿鲁图等负责撰修完成的,也是我国"二十四史"不可或缺的组成部分。妥懽帖睦尔可汗下诏恢复制定皇朝政策、法典必先听取元老功臣之意见这一旧制,广受宗王贵族们的拥护。顺帝继续推行了以廉政建设为中心的一些改革措施,颁行《至正条格》、定荐举守令法、派遣官员巡视宣抚全国各地。顺帝亦未丧失图治之心,十分重视地方守令的任用,必须亲自过目,考察其贤愚。在即位前十年,他锐意图治,一心朝政,为使成吉思汗和忽必烈薛禅可汗艰难打下的江山更加繁荣、昌盛,倾其心血。本章末尾部分,大义灭亲的脱脱丞相在"赶走伯父、夺父之职"的舆论压力下罢相而去,大乱一触即发。

至顺四年（1333年），妥懽帖睦尔自遥远的广西静江返回大都继承皇位时，还是一个十三四岁的少年，因此还无力掌控庞大的政权。当时，朝政实权皆在伯颜和卜答失里之手，故他的皇位非常不稳。但是，宫廷中还是有几位忠诚拥戴、辅佐他的名臣王公后裔。其中，值得一提的即是成吉思汗四杰之一博尔术后裔阿鲁图和木华黎后裔朵儿直班。

朵儿直班乃木华黎七世孙，自小聪明好学，精通蒙汉双语，图帖睦尔札牙笃可汗在位时任工部侍郎；元统元年（1333年），擢升为监察御史；至正元年（1341年），任翰林院同知经筵事兼资善大夫；至正十一年（1351年），升为中书省平章政事。他忠于职守，一心为政，引领年少的妥懽帖睦尔可汗步入正途，向其传授治国之道。朵儿直班向妥懽帖睦尔可汗陈奏：“时政五事，其一曰：‘太史言三月癸卯望月食既，四月戊午朔，日又食。皇上宜奋乾纲，修刑政，疏远邪佞，颛任忠良，庶可消弭灾变以为祯祥。’二曰：‘亲祀郊庙。’三曰：‘博选勋旧世臣之子，端谨正直之人，前后辅导，使嬉戏之事不接于目，俚俗之言不及于耳，则圣德日新矣。’四曰：‘枢机之臣固宜尊宠，然必赏罚公，则民心服。’五曰：‘弭安盗贼，振救饥民。’”

朵儿直班在任监察御史期间，还向妥懽帖睦尔可汗上表，请求赈济河北、山东等地遭受洪灾的百姓。他谏言：“近来刑罚渐渐松弛，纲纪渐乱，赏罚不分明，为国效力之臣如何得到鼓励，奸臣无所警惕畏惧。”奏折内容包括：一、应专命中书省派官员二人去督责户部详细拟定减免赋税办法，停止不急需的工役，不进行无名的赏赐；二、宫中常做佛事，应暂时停止；三、官府官吏日增，官吏考选之法日益破坏，应该减少冗员；四、均公田；五、铸钱币；六、废除山东田赋总管府，免除河南自报的田粮；七、禁止在海外取妾纳姬等。妥懽帖睦尔可汗听取了关于减少冗员及蠲免赋税的提议，在一定程度上减轻了百姓的经济负担。

有一次，妥懽帖睦尔可汗欲至柳林行猎，朵儿直班劝道：“帝正值年轻方刚，常思江山社稷，安定天下为宜；柳林方圆百姓苦于生计，农桑时节已至，毋庸扰民坏田；冰地行猎驰骋，保重龙体为上！”妥懽帖睦尔可汗听毕大为赞许，并下诏禁止了一切阻碍农桑的活动。

阿鲁图乃博尔术四世孙，由怯薛官遂拜翰林学士承旨，枢密院事。至元三年（1266 年），袭封广平王爵位。至正四年（1344 年）五月，诏拜中书右丞相，监修国史，代替脱脱任编修宋、辽、金三史的总裁。阿鲁图性格温和，为人友善，正直不阿。他注重任用协调能力强、恪尽职守、秉公执法的人。

一日，阿鲁图与其僚佐商议任用一瘦弱的人为刑部尚书时，有人言：“此人柔软，非刑部所可用。”阿鲁图曰：“庙堂即今选侩子耶？若选侩子须选强壮人。尚书欲其详谳刑牍耳，若不枉人，不坏法，即是好刑官，何必求强壮人耶？”众人无言以答，皆佩服不已。妥懽帖睦尔可汗派遣宣抚使官员到全国各地体察民情，安抚百姓疾苦，并下令寻访贤士加以重用。阿鲁图派众官员向下传达皇上旨意：“汝守令之职，如牧羊然。饥也，与之草；渴也，与之水。饥渴劳逸，无失其时，则羊蕃息矣。汝为我牧此民，无使之失所，而有饥渴之患，则为良牧守矣。”

别儿怯不花乃燕只斤部丞相阿忽台之子，自小侍奉于妥懽帖睦尔父亲和世㻋（忽都笃可汗）宫中。后入国子学学习，硕德八剌格坚可汗在位时，担任怀远大将军、八番宣抚司达鲁花赤。至正四年（1344年），拜中书左丞相。妥懽帖睦尔可汗以宣抚使派他到岭北行省，访问民间疾苦，考察官吏之贪廉。别儿怯不花遍行沙漠，洗雪冤情，革除弊端，不可胜计。

脱脱乃蔑儿乞部人，奉旨驱逐其大伯伯颜，赢得了妥懽帖睦尔可汗的信任。至正元年（1341年）被封中书右丞相后，大刀阔斧废除伯颜“旧政”。昭雪郯王彻彻秃之冤，召还宣让王帖木儿不花、威顺王宽彻普化官复原职。恢复科举制度，兴办国子学，亲自挑选儒臣为皇帝讲解经书。除此之外，脱脱开马禁、减盐额、蠲负逋、整驿站。大家称赞其为“贤相”。

妥懽帖睦尔可汗非常重视编修前朝历史的工作。于至正三年（1343年）三月，妥懽帖睦尔诏修宋、辽、金三史，命脱脱为总裁官，组织欧阳玄、揭傒斯、铁木儿塔识等人修史。在编修期间，以宋、辽、金三朝哪一个为正统引起了编修人员之间的争议。妥懽帖睦尔可汗下令，宋、辽、金三朝皆为正统，分别启用各自的年号编写，妥善地解决了悬而未决的问题。第二年，脱脱请辞右丞相之职，妥懽帖睦尔可汗问脱脱谁可代其为相，脱脱力荐阿鲁图。故下诏封阿鲁图为右丞相，并兼任编修三史监修总纂官。在阿鲁图等人的努力下，于至正五年（1345年）三史修成。

编修三史工作完成后，阿鲁图奏道：“臣素不读汉人文书，未解其义。今者进呈，万机之暇，乞以备乙览。”妥懽帖睦尔可汗诏曰：“此事卿诚未解，史书所系甚重，非儒士泛作文字也。彼一国人君行善则国兴，朕为君者宜取以为法；彼一朝行恶则国废，朕当取以为戒。然岂止儆劝人君，其间亦有为宰相事，善则卿等宜仿效，恶则宜监戒。朕与卿等皆当取前代善恶为勉。朕或思有未至，卿等其言之。”阿鲁图听帝之言，顿时手舞足蹈，高兴至极，遂离开宣文阁将皇帝诏语传达至众臣。三史是妥懽帖睦尔可汗亲自下诏编写，先后由脱脱、阿鲁图等负责撰修完成的，同时，也是我国二十四史不可或缺的部分。

妥懽帖睦尔可汗还下诏将唐朝的《贞观政要》译成蒙古文，文武百官人手一册。他在闲暇之余，还常到宣文阁欣赏古代字画。一日，闻听皇上要来宣文阁赏画，宣文阁崇文监巎巎拿出郭忠恕的《比干图》。他向妥懽帖睦尔可汗解释，商纣王因不听忠臣比干之言，致使国家灭亡。还有一日，顺帝看了宋徽宗的画，连声称好，巎巎进谏说：“徽宗多能，惟一事不能。”妥懽帖睦尔可汗问：“何谓一事？”巎巎道：“独不能为君尔。身辱国破，皆由不能为君所致。人君贵能为君，它非所尚也。”巎巎此言，含义颇深。作为一国之君，必须能当国民之主，不能当主，怎能称君？因此，古书中将皇帝常与“君主”联系起来。

巎巎，字子山。忽必烈薛禅可汗和铁穆耳完泽笃可汗在位时，其父不忽木任中书省平章政事，昭文馆大学士。巎巎幼年入国子学学习，学识渊博，能言善辩。巎巎跟随父亲和兄长学习许衡儒学及正心修身之道。他样貌俊杰，清高廉洁，一看就是一名贵族公子。其遇事英发，掀髯论辩，法家拂士不能过之。每遇天灾，巎巎劝谏皇上“修身处事方可消灭天灾”。他还提醒妥懽帖睦尔可汗恢复科举制度，并上奏编修三史。巎巎死后，妥懽帖睦尔可汗闻听其家境贫寒，以致不能发丧，便赐其赙银五锭。

崔敬，大宁之惠州（今河北省承德市平泉县）人，妥懽帖睦尔可汗在位时的著名劝谏大臣。他常常对皇帝的不当行为进行劝诫。有一次，妥懽帖睦尔可汗将上都历代稀世珍宝随意赏赐给近侍，崔敬上书道："臣闻世皇时，大臣有功，所赐不过盘革，重惜天物，为后世虑至远也。今山东大饥，燕南亢旱，海潮为灾，天文示儆，地道失宁，京畿南北，蝗飞蔽天，正当圣主恤民之日。近侍之臣，不知虑此，奏禀承请，殆无虚日，甚至以府库百年所积之宝物，遍赐仆御阍寺之流、乳稚童孩之子。帑藏或空。万一国有大事，人有大功，又将何以为赐乎！乞追回所赐，以示恩不可滥，庶允公论。"妥懽帖睦尔可汗听取其劝诫，收回稀世珍宝等赐品，收藏于宫库。

御使大夫铁木儿塔识谏言："近岁大臣获罪，重者族灭，轻者籍其妻孥。祖宗圣训，父子罪不相及。请除之。"妥懽帖睦尔可汗听完，想到伯颜专政时期郯王彻彻秃被害以及其家眷也被株连一事，便宣诏"今后父罪不得牵连其子"，命刑部将这一法则编入《至元新格》。

大蒙古国初建时，制定皇朝政策法典必先听取元老功臣的意见，讨论通过后方可正式颁布实施。后来，这一传统制度逐渐被遗忘。妥懽帖睦尔可汗下诏恢复了这一制度，广受宗王贵族们的拥护。他还十分重视地方守令的任用，必须亲自过目，考察其贤愚。如朝中官员不称职，必须从地方选拔任用能秉公办事且才干俱佳的人员。同时还制定了晋升降免地方守令的具体"六事"，即户口增多、农桑有成、词讼减少、盗贼屏息、赋役均平、常平得法等，诏曰："定守令黜陟之法，六事备者升一等，四事备者减一资，三事备者平迁，六事俱不备者降一等。"妥懽帖睦尔可汗为减少经济支出，四年里叫停所有不重要的工程，并规定每日节省出一只御用羊。因岭北气候严寒，无法种植庄稼，故从大都运送一百万石粮食至哈拉和林，以备饥荒。

妥懽帖睦尔可汗在大义灭亲的脱脱、朵儿直班、阿鲁图等人的一心效忠与全力辅佐下，扳倒权相伯颜。在其即位前十年，锐意图治，一心治理朝政，为使成吉思汗和忽必烈薛禅可汗艰难打下的江山更加繁荣、昌盛倾其心血。在他初登皇位时的诏书中写道："尚赖宗亲臣邻，交修不逮，以底隆平。"在其将元统三年（1335年）年号改为至元元年的诏书中写道："朕祇绍天明，入纂丕绪，于今三年，夙夜寅畏，罔敢怠荒。兹者年谷顺成，海宇清谧，朕方增修厥德，日以敬天恤民为务。属太史上言，星文示儆。"至正五年（1345年）十月，在其派遣宣抚使，巡行天下的诏书中写道："朕自践祚以来，至今十有余年，托身亿兆之上，端居九重之中，耳目所及，岂能周知。故虽夙夜忧勤，觊安黎庶，而和气未臻，灾眚时作，声教未洽，风俗未淳，吏弊未祛，民瘼滋甚。岂承宣之寄，纠劾之司，奉行有所未至欤？若稽先朝成宪，遣官分道奉使宣抚，布朕德意，询民疾苦，疏涤冤滞，蠲除烦苛。体察官吏贤否，明加黜陟，有罪者，四品以上停职申请，五品以下就便处决。民间一切兴利除害之事，悉听举行。"

俗话说："困苦面前需要坚强，富贵面前需要警惕。"妥懽帖睦尔可汗自幼尝尽了辛酸、苦难，但是十多岁就登上皇位，开始坐享人间所有荣华富贵。他夺取了至高无上的皇权，昭雪了父皇及母后的沉冤。他一心治理朝政，励精图治，心想像圣祖成吉思汗和忽必烈薛禅可汗一样名垂青史。但是往往事与愿违，上几任皇帝执政时期形成的"权臣政治"之阴影，哪有那么容易烟消云散，这些阴影总是围绕在妥懽帖睦尔可汗左右，不肯离去。他们拼死挣扎，乘虚而入。

正在此时，和世㻋忽都笃可汗侍臣阿鲁辉帖木儿不知是"好意"还是"异心"，向年轻但气还未盛的妥懽帖睦尔可汗请奏其深思熟虑之见，言道："天下事重，宜委宰相决之，庶可责其成功；若躬自听断，则必负恶名。"这句话给妥懽帖睦尔可汗留下了深刻的印象。他赶走嚣张跋扈的伯颜丞相后，封脱脱为枢密院事，封其父马札儿台为右丞相，封其弟也先帖木儿为监察院御史，自此，军政大权落入脱脱父子三人之手。

脱脱之父马札儿台手握中书省大权后，疯狂敛财，贪婪受贿。他于通州置榻坊，开酒馆、糟坊，日至万石，又贩运长芦、淮南盐，热衷于经商敛财。脱脱对其父之贪婪行径很愤慨，让监察院一个参政向皇帝呈上奏章进行弹劾，迫使马札儿台辞职。对众人的议论早有耳闻的妥懽帖睦尔可汗，以年事已高为由当即下诏罢免了马札儿台右丞相之职，但是，保留了马札儿台的太师称号，让其“养疾私第”，还命脱脱接替其父中书省右丞相之职。

至正四年（1344年），马札儿台奏请告老还乡，返回其故里甘州（今甘肃省张掖市）。人们纷纷议论，脱脱赶走大伯，夺父之职。脱脱在重压之下，无奈请辞，求皇上恩准其随父还乡。妥懽帖睦尔可汗毫不犹豫地批准了脱脱的请奏。欲知妥懽帖睦尔可汗为何如此速准脱脱之请辞，且看下章细表。

第七章

别儿怯不花心迷复仇
脱脱听佞臣谗言怠政

元顺帝沿用扳倒伯颜的旧策略，利用脱脱与别儿怯不花之间的矛盾，想用一方之力消灭另一方之力。右丞相别儿怯不花因与脱脱的父亲马札儿台有宿怨，便利用手中特权诬陷马札儿台，导致其被贬谪甘肃。脱脱生性孝且仁慈，于是向朝廷请求与父同行。马札儿台在西域死后，左丞相太平向朝廷请求，脱脱才得返回京师。元顺帝念及脱脱旧功，擢升其为太傅，总理东宫之事。在佞臣哈麻的推波助澜下，脱脱重回右丞相尊职。脱脱入相后听信佞臣谗言，排除异己，致使忠臣名相阿鲁图辞官、朵儿直班殉职、太平也被逐回原籍。文武百官在脱脱的权威之下均不敢作声，阿谀奉承之风盛行。顺帝也不再有至正之初的勤政朝气，开始宠幸佞臣康里人哈麻而怠慢国事。太平、韩嘉纳为元朝江山担忧，极力弹劾哈麻兄弟二人。顺帝无奈免去哈麻和雪雪之职，将之流放外地。脱脱第二次拜相后，试图力挽狂澜，但他采取的变钞和起用贾鲁治河两大政策给元朝掘了坟墓。

妥懽帖睦尔可汗速准脱脱之请辞，完全是因为左丞相别儿怯不花从中作梗。早在铁穆耳完泽笃可汗在位时，别儿怯不花便与脱脱家族结下仇恨。伯颜独揽大权时，中书省官员都极力反对伯颜的关于汉人不能任廉访使的提议。时任御使大夫的别儿怯不花，既惧怕伯颜之权势，又唯恐失去众臣之心，在左右为难之际，无奈装病不上朝，但是未上交符印。监察御史们在伯颜丞相的威逼下，询问脱脱该如何是好。脱脱为避免直接反对伯颜的提议，便推卸道："别儿怯不花位吾上，且掌印，我安敢专邪？"

别儿怯不花闻听脱脱之言惊恐万分，准备上交符印置身事外。在这种情况下，脱脱只好请教其师吴直方。吴直方道："此祖宗法度，决不可废，盍先为上言之？"脱脱将此话作为自己的意见，上奏妥懽帖睦尔可汗。皇上接受脱脱的提议，驳回了伯颜之奏章。伯颜见提议被拒，大为恼火地找到皇上言道："脱脱虽臣之子，其心专佑汉人，必当治之。”妥懽帖睦尔可汗曰：“此皆朕意，非脱脱罪也。”虽然此事暂时平息，但是从此之后，别儿怯不花开始记恨脱脱。因为，如若伯颜怪罪于别儿怯不花，有可能将他置于死地。

虽然伯颜已死，但是别儿怯不花同脱脱之间结下的新仇旧恨并没有消除。别儿怯不花事事针对脱脱，故意找茬进谗言于皇上，迫使脱脱随父返回其故里甘州。既为躲避众人之议论，又为提防别儿怯不花寻仇，脱脱才请奏辞去官职随父还乡。妥懽帖睦尔可汗是深受权臣政治压迫之人。刚从权相伯颜的压迫下解脱出来，又陷入了脱脱与别儿怯不花的仇恨之争。他沿用扳倒伯颜的旧策略，利用脱脱与别儿怯不花之间的矛盾，用一方之力消灭另一方之力。

别儿怯不花乃铁穆耳完泽笃可汗在位时的丞相阿忽台之子，自幼在和世瑓忽都笃可汗府中长大，入国子学学习。硕德八剌格坚可汗在位时，任命他为怀远大将军、八番宣抚司达鲁花赤。他先后担任过吏部尚书、御使大夫及翰林院学士承旨等职。妥懽帖睦尔可汗顾及各方利益，深思熟虑后决定站在别儿怯不花这一方，准许了脱脱辞官随父还乡之请。

别儿怯不花乃心胸狭窄之人。虽说他已逼走脱脱并取代其右丞相之位，但是想起前仇旧恨，试图继续加害于远赴甘州的脱脱。一日，退朝之后，他密奏于妥懽帖睦尔可汗：“据甘州使臣来报，马札儿台父子虽已至甘州，但结党营私，暗图不轨。”起初，妥懽帖睦尔可汗半信半疑，后经别儿怯不花反复上奏，转疑为信，下旨放逐马札儿台至西域撒思（今青海省西宁市）。撒思乃路途遥远、穷乡僻壤、人烟稀少、气候寒冷之苦地，被逐此地者，十有八九不能归。脱脱见其父日渐消瘦，求妥懽帖睦尔可汗恩准随父同往，后来，半途又被召回甘州。

别儿怯不花只有将脱脱父子置于死地方可安心，但为何又召回甘州呢？因为自别儿怯不花擢升中书省右丞相后，天公不作美，地震山摇，洪灾四起，河南、山东盗匪猖獗，江淮之地奸民叛乱，湖广地区大乱。刚正不阿的御史们挺身而出弹劾严重失职的别儿怯不花，奏请皇上罢免其职。见此情景，别儿怯不花自己提出辞官，妥懽帖睦尔可汗当即准奏，撤右丞相之职，封其为太师，留守府邸。

当时，中书省左丞相铁木儿塔识（康里部脱脱之子）也已病逝。妥懽帖睦尔可汗封朵儿直班为中书省右丞相，封太平（初姓贺氏，名惟一，陕西省西安市户县人，忽必烈薛禅可汗在位时的名臣贺胜之子）为中书省左丞相。太平与脱脱父子有深交，听闻马札儿台在甘州病逝的消息后，又想到脱脱大义灭亲、驱逐伯颜之义举，故上奏皇上曰："脱脱乃心王室，大义灭亲，今父殁而不克奔讣，为善者不几于怠乎！"妥懽帖睦尔可汗随即下诏将脱脱召回京城。

如今幸得皇恩获返京良机，脱脱回想起在甘州随父过了几年的苦日子，决意报答有恩于他的皇上的侍臣，并对陷害他的奸臣寻机实施报复，逐一铲除。于是，脱脱为解心头之恨，返回大都拜见皇帝。妥懽帖睦尔可汗甚是欢喜，大摆筵席款待脱脱，封其为太傅，总理东宫（太子宫）之事。脱脱来到东宫后，准备弄清何人上奏皇帝及将他从甘州召回京城一事之原委，恰巧有一日皇上近臣哈麻前来拜会他。

哈麻乃妥懽帖睦尔可汗同父异母的弟弟懿璘质班（元宁宗）的乳母之子，钦察部人，其父为秃鲁，被大家称为"哈玛尔特"（鼻子的意思）。哈麻与其弟雪雪早年担任宫廷宿卫，深得妥懽帖睦尔可汗的宠幸。尤其是哈麻，能言善辩，不久就擢升为殿中侍御史。脱脱位居首臣时，哈麻对他阿谀奉承，唯命是从。脱脱奏请随父赴甘州时，哈麻虽然向皇上转达脱脱之意，但是也没有多么友善。如今，闻讯脱脱返京，哈麻拜见脱脱，并巧编了一个关于他如何在皇上面前力保脱脱返京的故事，把所有功劳归于自身。脱脱听后大为欢喜，赞哈麻为"世间头等善人"，并承诺定会谨记其恩德，重重回报于他。其实，真正向皇上保荐脱脱的人是太平，但此刻他却沉默不语。

哈麻拜别脱脱之后，来到皇宫大为赞许脱脱。妥懽帖睦尔可汗听信哈麻之言，复封脱脱为中书省右丞相，原中书省右丞相朵儿直班被封为平章政事。脱脱复任右丞相后，启用乌古孙良桢（女真人）、汝中柏（汉人）、伯帖木儿（钦察人）及哈麻等人，开始实施复仇计划。脱脱本以“忠义之士”闻名，如今执掌朝政大权后为何未与功臣阿鲁图、朵儿直班等站在一起呢？且等细细道来。

别儿怯不花上台后曾与阿鲁图商议排挤、加害脱脱，阿鲁图却道：“我等岂能久居相位，当亦有退休之日，人将谓我何？”别儿怯不花屡劝未果，于是怂恿监察御史们弹劾阿鲁图“不宜居相位”。阿鲁图实在看不惯别儿怯不花不分青红皂白挑拨离间，便出城避之。其同僚皆为之不平，上奏皇上欲讨回公道，阿鲁图却言：“我博尔术世裔，岂丞相为难得耶。但帝命我不敢辞，今御史劾我，我宜即去。盖御史台乃世祖所设置，我若与御史抗，即与世祖抗矣。尔等无复言。”随即罢官离去。

朵儿直班虽被降为平章政事，但毫无怨言，忠履其职。至正十一年（1351 年），脱脱之弟御使大夫也先帖木儿战败于刘福通率领的红巾军。朵儿直班以怠忽职守、耗损兵马、丧师辱国之罪弹奏也先帖木儿，脱脱却在皇上面前袒护其弟。妥懽帖睦尔没有降罪于也先帖木儿，反而降任朵儿直班为湖广行省平章政事。朵儿直班被降职后，汝中柏向脱脱进言：“不杀朵儿直班，丞相则终不安。”脱脱听信谗言，命朵儿直班专门负责湖广行省军粮供给。当时，湖广地区闹饥荒，粮库空虚，异常艰难。

正所谓“鞍伤上涂盐”（落井下石），湖广行省枢密院事伯颜不花从红巾军起义军手中复夺武昌后，无休止地向朵儿直班索取军粮。朵儿直班虽然想尽办法如数供给，但伯颜不花却鸡蛋里挑骨头，以供给失期为由指责他。为此，诸王王不花从旁愤愤不平道：“平章国之贵臣，今坐不重茵，食无珍味，徒为我曹军食耳。今百需立办，顾犹欲诬之，是无人心也。我曹便当散还乡里矣。”伯颜不花无言以对。

脱脱心有余悸，再派国子助教完者加害朵儿直班。但是，完者到达湖广之地，见朵儿直班为国事操劳，忠贞不贰，反而心生敬佩道："平章勋旧之家，国之祥瑞，吾苟伤之，则人将不食吾余矣。"朵儿直班素有风湿病，在军中受雾露之寒气，病情加重，不幸殉职，年仅四十岁。

中书左丞相太平见脱脱任用之人蒙蔽皇上、陷害忠良，深感焦虑，于是，寻御使大夫韩嘉纳计议。韩嘉纳扼腕道："脱脱信臣哈麻阴进西天僧以运气术媚帝，帝整日习之。长此已久，亡国不久矣！"太平听罢大为震惊，随即授意监察御史斡勒海寿弹劾哈麻，历陈罪状。然而奏章还未呈上，竟被哈麻先知。哈麻入宫向皇帝哭诉道："太平、韩嘉纳有意构陷，唆使海寿出头，将臣劾奏，求皇上做主！"妥懽帖睦尔可汗见哈麻跪地求饶，语无伦次，一时摸不着头脑，便命侍卫扶起哈麻曰："何人胆敢加害爱卿？明日宣太平觐见！"

太平得知哈麻奸计，愤然道："有哈麻，无太平；有太平，无哈麻，明晨当入朝面奏。"便于次日早朝劾奏哈麻兄弟二人，罪状为：收受诸王驼马诸物，坏宫廷之制；设帐房于御幄之后，无君臣之分；以提调宁徽寺（宁徽寺乃妥懽帖睦尔可汗庶母脱忽思皇后掌管钱粮之地）为名，出入脱忽思皇后宫闱无间，越分无礼等。妥懽帖睦尔可汗回道："哈麻罪状，当不至此。"太平道："历代以来的奸臣，若非显行构逆，定是献媚贡谀，表面上很是爱君，暗地里都是罔上，齐桓公宠用三竖，终致乱国，宋徽宗信任六贼，遂以丧身。陛下试借鉴前车，便可知哈麻兄弟，实兆祸阶，理应即日黜逐！"

见妥懽帖睦尔可汗默然不答，无动于衷，韩嘉纳叩首道："左相太平的奏请，关系国家兴亡，幸陛下采纳施行。"妥懽帖睦尔可汗道："卿何量狭，不肯容这哈麻兄弟！"韩嘉纳再顿首道："臣非为一身计，实为天下国家计。似哈麻兄弟欺君误国，所以请陛下斥逐。陛下果立斥哈麻兄弟，臣亦甘心受罪，以谢哈麻！"太平复启奏道："陛下如信用哈麻兄弟，臣愿解职归田！”妥懽帖睦尔可汗道：“朕知道了，卿毋多言！”说毕，拂袖还宫。

哈麻兄弟二人已听闻早朝奏文，至妥懽帖睦尔可汗面前吁请罢官，躺地不起。妥懽帖睦尔可汗见哈麻如此泼妇般耍赖取闹，大为恼火，将其逐出宫去。随即命侍臣传下两道圣旨，一道是免哈麻及雪雪官职，出居草地；一道是罢左丞相太平，降为翰林学士承旨，出御史大夫韩嘉纳，为江浙行省平章政事。哈麻被免职出居草地临行前，找到脱脱丞相，恨诉太平陷害他。脱脱劝慰道：“我若在朝，必不使若辈得志！你且出居数日，得有机会可乘，便当代请复官，幸勿过忧！”

脱脱心腹汝中柏素与太平不合，故在脱脱面前进谗言诋毁太平，言太平之子迎娶宗女，勾结诸王，觊觎要职。丞相脱脱未辨真伪便将汝中柏所言列入奏稿，欲革去太平职位，将之放逐远地。正待拜发，恰巧被脱脱老母蓟国夫人看见，遂对脱脱道：“我知太平是好人，你何故谎言诬奏，指善为恶？”脱脱道：“是由郎中汝中柏所言，想系调查确实，不致说谎。”蓟国夫人道：“无论是真是假，尽可听他自由，他与你何嫌何怨，必欲将他加害！”于是一场劾案，就此作罢。

太平因弹劾哈麻兄弟二人被罢职，赴任翰林院不久就接到了放逐归里的圣旨。太平接旨后，不问缘由，收拾行囊，直奔其原籍故里。话说脱脱将太平革职放逐远地的奏章不是被其老母极力制止了吗？为何突然将太平赶回故里？原来妥懽帖睦尔可汗庶母脱忽思泣诉帝前，故有此诏。妥懽帖睦尔可汗即位后，脱忽思被封为太后。太平弹劾哈麻的奏章中有一条是“以提调宁徽寺为名，出入脱忽思皇后宫闱无间，越分无礼”。脱忽思听罢羞愧难当，便告御状称太平辱没其名声。妥懽帖睦尔可汗见其哭诉，故下诏严惩太平，还杖责一百草书奏章的斡勒海寿，让其守边疆。

阿鲁图辞官，朵儿直班殉职，太平也被逐回原籍。还看朝野，唯独脱脱兄弟执掌大权。文武百官在脱脱的权威之下，均不敢作声，阿谀奉承之风盛行。适逢忽必烈薛禅可汗在位时印制的中统、至元等钞币，流通日久，伪钞居多，给百姓带来诸多不便。脱脱欲另立钞法，集台省两院诸臣共议。吏部尚书偰哲笃建言："更造至正交钞，以钞为母，以钱为子，可否?"国子祭酒吕思诚道："钱为本，钞为辅，母子并行，奈何倒置?且人民皆喜藏钱，不喜藏钞，今如历代钱，为至正钱，及中统钞，至元钞，交钞分为五项，钱钞相等，民尚喜钱恶钞；如更增新钞一种，钞愈多，钱愈少，下必病民，上必病国。"偰哲笃辩道："至元钞多伪，所以改造。"吕思诚道："至元钞何尝是伪?乃是奸人牟利仿造，以致伪钞日多。公试思旧钞流通有年，人已熟睹，尚有伪钞掺杂，若骤行新钞，人未及识，伪且滋多，岂不可虑!"偰哲笃道："钱钞兼行，便无此弊。"脱脱见两人争论起来，一时难以定夺，便说容后再议。

脱脱弟也先帖木儿向其兄道："吕祭酒的议论，也有是处；但在庙堂中厉声疾色，未免失体。"事后监察御史们见风使舵，次日弹劾吕思诚狂妄，将其调任湖广行省左丞。脱脱随后依偰哲笃之言，颁行新纸钞。不料，半年后出现了纸钞多铜币少的现象。物价飞涨，有些郡县均以物质相交易，尤其是公私所积的钞币一律壅滞，币制大坏，国用益困。恰逢此紧要关头，河南、山东等地黄河决堤，造成大洪灾。所谓"祸不单行"，脱脱丞相遭遇前所未有的困境，令他手足无措。

第八章

修复故道贾鲁建奇功
利用古谣韩山童起义

至正四年(1344年),黄河决堤,丞相脱脱召集众臣研讨治理河患的攻略。贾鲁力排众议,主张"疏南塞北,恢复故道"。元顺帝封贾鲁为工部尚书,充总治河防使,征发民工十五万,调军士两万,兴役治河。贾鲁开河后,北方白莲教首领韩山童及其教友刘福通等决定抓住这一时机,发动武装起义。在红巾军的影响下,全国各地农民纷起响应。脱脱派其弟镇压农民起义无果,便亲自挂帅镇压徐州部红巾军,大胜,因功获封太师。究红巾军起义的原因——元朝后期,以蒙古族贵族为主的统治阶级对各族特别是汉族人民的掠夺和奴役十分残酷;元朝统治者挥霍无度,到处搜罗民间财宝、美女,天天供佛炼丹;政府财政入不敷出,滥发货币,祸国殃民;加上黄河连年失修,多次决口,民不聊生。以红巾军为主力的农民起义军沉重地打击了元朝在全国各地的统治,为朱元璋最后推翻元朝创造了条件。

脱脱丞相召集群臣商议治理黄河河患对策。工部郎中贾鲁提议："塞北疏南，使复故道，方可无虞。"众臣对水利一窍不通，对贾鲁所言"塞北疏南"和黄河故道在哪儿更全然不知，只能互看对方，沉默不语。脱脱见众臣不语，便问贾鲁需多少劳力。贾鲁道："以我粗略估算，需民兵二十万。"脱脱虽大吃一惊，但故作镇定，心想"黄河犹如我们母亲，有孕育流域百姓、灌溉辽阔土地之功德，因此必须治理"，便赞许贾鲁治河主张，遣工部尚书成遵与大司农秃鲁先行视河，核实以闻。

成遵等受命出发，南下山东，西入河南，沿途勘察，悉心规画，所有地势的高下与水量的深浅，逐一测量明白，绘制略图后返回大都。脱脱日思夜想治理黄河一事，便立即召见成遵等人，询问河道情形。成遵回道："河流故道，断不可复，贾鲁计议，断不可行。"脱脱问及缘故，成遵即将实地勘察的略图呈上。脱脱粗阅一番，淡淡地说道："汝等沿途辛苦，且休息一天，明日至中书省中核议便了。"

翌晨，台省两院官员端详成遵绘制的略图，无一作答。脱脱言："成遵、贾鲁，你俩各抒己见！"成遵与贾鲁两个人，意见互歧，彼此各主一说，争论半晌未决。脱脱问成遵道："贾友恒的计划，实为一劳永逸起见，公何固执若是？"成遵道："河流故道，可复不可复，尚不暇辩；据国计民生上立论，府库日虚，司农仰屋，若再兴大工，尤恐支绌！是顾及国计。且如山东一带，连岁歉收，百姓困苦已极，倘调集二十万众，骚扰民间，是顾及民生。将来祸变纷乘，比河患还怕加重哩！"脱脱变色道："汝谓百姓将反么？"成遵道："恐防难免！"众臣见成遵执性，竟与丞相斗起嘴来，遂将成遵劝开，令他归去。

脱脱向众臣道："主上视民如伤，做大臣的应为主分忧。明知河流湍急，最不易治，但或迁延过去，他时为祸尤大；譬如人有疾病，迁延不治，终致毙命。黄河为中国大病，我欲将它治愈，偏有人硬来拦阻，奈何！"众官闻言，齐声答道："傅相首秉国钧，这事但凭钧裁，何庸他顾！"脱脱又道："好在今日得了贾友恒，使他治河，必能奏功。"众臣又齐声赞成。次日，脱脱将贾鲁之复通黄河故道计划详禀于妥懽帖睦尔可汗，同时将成遵之反对意见也一并上奏。妥懽帖睦尔可汗随即表示，如众臣无异议，全由丞相决断。几日后，传达圣旨，罢免成遵之官位，出任河间盐运使，特授贾鲁为工部尚书，封其为总治河防使。

贾鲁奉命抵达山东后，一面征集工役，一面巡视堤防。再驰入河南，凿通黄河淤塞之地，拉直曲折之地，通下游，堵上游，修治地段共计二百八十里。黄河故道治理工程于至正十一年（1351年）四月兴工，十一月末修筑堤坝竣工，南汇淮水，东流入海。脱脱丞相将这一喜讯上奏皇上，妥懽帖睦尔可汗一方面遣使报祭河伯，另一方面召贾鲁还都重赏，授贾鲁为集贤大学士。因脱脱举贤有功，妥懽帖睦尔可汗赐其“答剌罕”号。后又命翰林学士承旨欧阳玄，篆刻治理黄河碑文，记载脱脱及贾鲁的丰功伟绩。

正在京城传颂脱脱、贾鲁之功德时，有一谣言在河南、河北地区传播开来。早在贾鲁治河之前，河南、河北已有童谣道：“石人一只眼，挑动黄河天下反！”当时众人谁也没有在意，大都不知所谓，全当儿歌而已。直到有一日，贾鲁治河督工，开凿黄陵冈时，劳工从河床掘出一个石人。该石人虽雕工不那般精细，但是四肢齐全，眼睛却只有一只。众劳工围观独眼石人，监工随即报知贾鲁。贾鲁来瞧石人，虽然也暗觉惊讶，但是一言未发，找来一把大锤击碎石人扔至一旁。贾鲁心想：“此石人应验了那童谣，如今我已击碎石人，应无大碍。”想罢忙于其治河事务。但是，劳工役夫们将这一奇事一传十，十传百，竟在黄河南北流传开来，无人不知。

为了按期完工，贾鲁奉命调集十七万民兵，在河南北部赶修黄河旧堤。因时间紧、任务重，贾鲁命地方官员征集劳役。治理黄河乃极其繁重、劳累之工程，因此没人自愿前来应工。再加上山东、河南等地连年遭灾，年轻力壮的早已外逃，只剩下老弱病残，故很难征集到劳力。地方官员们无奈之下，不分贫富贵贱，逐户征役。如此一来，有钱的富裕人家行贿送礼，躲避劳役；没钱的贫苦人家只能承担劳役，无法生计。

颍州（今安徽省阜阳市）有一韩姓富户，户主叫韩山童。他祖籍河北滦县，其祖父和父亲均为白莲教头目。白莲教源于佛教净土宗的弥陀净土法门，创建于南宋年间，元朝时进入全盛时期，宣称“弥勒佛降世，光明战胜黑暗”，广受苦难百姓的追随信奉。韩山童父辈烧香惑众，卜卦看病，积累了大量钱财。到韩山童时，钱财已堆积如山，故自封为“宋徽宗八世孙”，同刘福通一道建立了一支抗元秘密宗教社团。刘福通亦是颍州人，是韩山童最信赖之人。刘福通与其党羽杜遵道、罗文素、盛文郁、王显忠、韩咬儿等将韩山童所著《白莲经》传于山东、河北、河南等地，宣称“山童乃弥勒佛化身，下凡普度众生”“信奉白莲教义方能救于水火，免遭战乱”等。湖南、江淮等地愚民均被蛊惑，信徒日益增多。

韩山童、刘福通见众人迷信拥戴，暗想驱赶蒙古、建立汉室的时机已到，便着手寻机造反。恰逢此时，贾鲁奉命治理黄河，征集黄河南北十七万民兵，为修复故道，塞北疏南，正日夜赶工。一日，韩山童卜卦道：“天下将大乱，我思持义举事久矣，今时机已成熟!”遂从山东叫来刘福通商议起义计策。刘福通言：“黄河南北不是流传着‘石人一只眼，挑动黄河天下反’的童谣吗？此刻正是应验时机。我们仿陈胜、吴广灭秦之法!”韩山童大悦道：“此计甚好，几年前盛传此童谣，定是天灭元朝!”韩山童与刘福通秘密商定之后，派心腹着手具体实施。果不其然，没过几日，“贾公从黄陵冈掘出一独眼石人，此乃应验童谣，天下必反!”谣言便散播开来。深受压迫的富人及被劳役束缚的役夫们，听信谣言，认为“朝政无理，官吏贪贿，民不聊生，不得不反”，于是纷纷拜在韩山童、刘福通旗下。

至正十一年（1351年）五月韩山童、刘福通聚众三千人于白鹿庄(今安徽省阜阳市颍上县)，杀黑牛白马，誓告天地，准备起义。韩山童发布文告，打出“虎贲三千，直抵幽燕之地；龙飞九五，重开大宋之天”的战旗,表示推翻元朝、恢复大宋的决心。刘福通自称为南宋名将刘光世的后代，表示助韩山童光复大宋。他们当时的所谓“灭元复宋”之口号，虽然具有一定的号召力，但是也有很大的局限性。因为，南宋已灭七十余年，北宋已亡二百余年之久。故人们对前朝（宋朝）统治者的情况一概不知，憎恨的只不过是当朝（元朝）统治者。参与聚会的各地头目纷纷表决心，定于八月十五举事，并封韩山童为“明王”。

不料，韩山童、刘福通聚众白鹿庄之消息走漏，遭官府几万兵马围剿。正在众人歃血为盟之时，官兵突然闯进，将端坐高席的韩山童捕杀。平时习练剑术、身强力壮、胆识过人的刘福通率部分勇士杀出重围，逃回故里刘沟村。乡亲们闻听刘福通回乡，纷纷前来询问白鹿庄聚会之事。刘福通道："官兵突袭，明王被抓，八月十五举事已败露，应即刻动手！"众人道："给明王复仇，越快越好！"刘福通暗想："造反乃性命攸关之事，必须凝聚众心，从长计议！"便联络临近村庄的勇士，同杜遵道、罗文素、盛文郁等细心研究举事计划，最终决定于五月三日动手。

五月三日晨，刘福通等按照约定，头裹红巾，聚集于刘沟村西头。刘福通吸取白鹿庄聚会之教训，在方圆十里布置哨岗，以便传递消息。因此次起义计划周密、详细，所以进行得非常顺利。官兵得到消息赴刘沟村进行镇压时，刘福通命起义军兵分两路，一路迎战官兵，另一路围攻颍州城。因颍州城防御空虚，被刘福通迅速攻克。刘福通挥兵南进，相继攻占亳州（今安徽省亳州市）、项城（今河南省沈丘县）、汝宁（今河南省汝南县）等十几个县，名声大噪。

占据徐州的李二和占据蕲水的徐寿辉也响应刘福通的红巾军，纷纷起义，顿时出现天下大乱的局面。李二原为邳州（今江苏省睢宁县）人，出生于富裕人家。一年因遇灾荒，将家里仅有的一仓芝麻贡献出来赈济灾民，故被大家亲切地称为"芝麻李"。徐寿辉别名徐真逸，蕲州罗田（今湖北省浠水县）人士，原是贩卖土布的小商贩。他为人正直，见义勇为，享有很高威信。李二、徐寿辉领导的起义军也头裹红巾，称"南红巾军"。

韩山童、刘福通领导的白鹿庄起义撼动了元朝帝国的根基，对此妥懽帖睦尔可汗大为震惊，异常焦灼，便急召脱脱丞相问明情况。脱脱道："中州为全国腹心，今红巾贼起，适在中州，中州即河南。实是腹心大患。臣拟先发大兵，剿红巾贼，肃清腹地，然后依次进兵，讨平余寇。"妥懽帖睦尔可汗道："各处亦统来告急，奈何！"脱脱道："各地非无守将，请陛下分道颁诏，令他就近赴援，剿抚兼施，一俟中州平定，余寇自然瓦解。这是目前最要的计策。”妥懽帖睦尔可汗道：“何人可遣？”脱脱道：“臣受恩深重，督师平寇，报答皇恩。”妥懽帖睦尔可汗道：“卿系朕股肱耳目，不可一日相离，朕闻卿弟亦有才名，何妨遣他讨贼。”脱脱道：“臣弟可去，但必须添一臂助。”妥懽帖睦尔可汗道：“卫王宽彻哥何如？”脱脱道：“宸衷明鉴，谅必得人。”君臣商议之后，便命御史大夫也先帖木儿与卫王宽彻哥率十万大军，出讨河南妖寇。

闻听也先帖木儿奉命同宽彻哥率十万兵马攻至河南上蔡（今河南省驻马店市上蔡县西南），起义军头领韩咬儿惊恐万分，不敢出城。上蔡百姓听闻御林军前来攻城的消息后，均如热锅上的蚂蚁，惊慌不已。韩咬儿自觉无力守城，便夜里出逃，寻刘福通而去。当时在河南汝宁的刘福通起义军，没有选择与前来征讨的官兵正面迎战，而是采取了兵分多路环攻官兵的策略，故意弃守汝宁城。也先帖木儿出师告捷，兵不血刃，连占两座孤城。自豪满满的也先帖木儿一方面遣使向皇帝告捷领赏，另一方面在汝宁城大摆庆功宴，犒赏三军。

刘福通撤出汝宁城之后，向占据徐州的李二和占据蕲水的徐寿辉发出消息，提议合力阻击元军。李二、徐寿辉积极响应刘福通的号召，纷纷在要地伏兵，等待也先帖木儿大军前来。被暂时的胜利冲昏头脑的也先帖木儿行军赴徐州方向时，遭遇刘福通等率领的各路起义军之突袭，被分段围剿。也先帖木儿顿时乱了方寸，处于被动，犹如落井牤牛，无力抵抗，仓皇出逃。起义军越战越勇，连续攻下长江南北十几个州县。徐寿辉自封为帝，建“天完国”（“大”上加“一”为“天”，“元”上加“宀”是“完”，“天完”表示压倒“大元”），并任命邹普胜为太师。徐寿辉部出兵江西，攻陷饶州、信州，溯江而上，连陷汉阳、兴国、武昌等处。威顺王宽彻普化及湖广行省平章政事和尚弃城而逃；江州总管李黼战死；也先帖木儿勉强突围于红巾军围攻，带领仅存的十余人退至朱仙镇。

刘福通领导的红巾军屡战屡胜，中原告急的噩耗传至京城。妥懽帖睦尔可汗大为恼火，宣脱脱丞相入宫计议。于是，脱脱奏请亲率大军进军中原，征讨反贼。妥懽帖睦尔可汗准奏，下诏革去也先帖木儿兵马指挥权，责令脱脱率两万精兵直奔徐州。脱脱出征前，向皇帝举荐哈麻兄弟二人，可以召回京城负责中书省事宜。妥懽帖睦尔可汗准奏，将哈麻兄弟召回京都，封哈麻为中书右丞，封雪雪（哈麻之弟）为同知枢密院事。哈麻兄弟接旨后，即刻夜行赴京拜谢脱脱。次日，脱脱率大军渡河赶赴徐州。

脱脱攻陷徐州时，红巾军惊慌失措，纷纷不战而逃。李二突围时被俘，后被杀。彭莹玉率李二余部投奔占领濠州（今安徽省凤阳县）的郭子兴。脱脱平定徐州，将捷报上奏朝廷。妥懽帖睦尔可汗龙颜大悦，加封脱脱为太师，赏赐白玉宝鞍。徐州虽然被平定，但是东南沿海地区的饥民也纷纷起义，阻断了海运。浙东道宣慰使都元帅泰不华上奏道："方国珍兄弟入海，攻掠沿海州郡，官军多不战自溃，海运受阻。"于是，妥懽帖睦尔可汗派大司农达识帖睦迩招抚方国珍兄弟。狡猾的方国珍惧怕与元军对抗，便假意接受招降。泰不华料其狡诈，夜访达识帖睦迩，劝他命人袭杀方国珍。达识帖睦迩不听泰不华之劝，反而进京领功。

方国珍见元军已回，照旧在东南沿海入海为盗，海运再次被阻断。泰不华奉命率兵追讨方国珍，将之逼至海上一小岛。方国珍故技重施，再次假降。泰不华为辨其真伪，乘船抵达该小岛，竟被方国珍早已埋伏好的士兵团团包围。早有准备的泰不华拔剑厮杀，跟随他的侍兵们也奋勇杀敌，结果方国珍被生擒。泰不华见方国珍忽降忽叛，有欲得高官厚禄之意，便上奏妥懽帖睦尔可汗。随后，方国珍被封为海道漕运万户、江浙行省参知政事之职。方国珍受官之后占据温州、台州、庆元三州十一个县，每年向大都进奉大量粮食，安心归顺朝廷。对此，妥懽帖睦尔可汗为泰不华记功重赏。

泰不华乃蒙古伯牙吾台部人，其父为台州官员，参修宋、辽、金史，三史书成后升为礼部尚书兼会同馆事。他不负皇帝重托，招抚东南沿海的方国珍贼部，大力发展农桑业，使沿海地区百姓生活安定。妥懽帖睦尔可汗见中原平定、丰衣足食、百姓安居乐业，终于松了一口气。他暗想，大可放心地将朝政大事交予脱脱丞相，自己高枕无忧地享受悠然、惬意的皇帝生活。

第九章

顺帝入魔于密宗修炼
脱脱冤死于枉信小人

元顺帝在建筑工艺、机械工程等方面是一个天才，素有“鲁班天子”之美誉，他亲自绘图设计并命工匠们制作的龙船、宫漏等精巧绝伦。但是，哈麻及其妹夫引进藏传佛教密宗于顺帝，使之修炼房中之术，诱导其淫乐，使其逐渐怠政。皇上整日修炼“大喜乐”，醉心于“十六天魔舞”，荒淫无度，引起宫里宫外一片骂声。顺帝将军政大权全权托付于脱脱丞相，并册封其子爱猷识理达腊为皇太子并任命为中书令。此时，红巾军虽战败，但经过几年的发展和抗争后再次兴起。于是，顺帝派脱脱再次出师，讨伐张士诚部红巾军。即将攻陷张士诚部之际，朝中佞臣哈麻等却弹劾脱脱，致使围剿起义军功亏一篑，脱脱被革职流放云南，后被哈麻假传圣旨诏令自尽。脱脱的死使得他殚精竭虑修补的元王朝统治堤坝功亏一篑，也成为元王朝走向崩溃与灭亡的转折点。

妥懽帖睦尔可汗见中原平定，百姓安居乐业，便命哈麻兄弟将脱脱召回京城。哈麻兄弟在脱脱丞相的举荐下负责皇宫内部事宜，因日夜陪伴于妥懽帖睦尔可汗左右，自然明白皇上厌心国事、寻乐解忧之意。当时，一西番僧被请至大都，哈麻奉命负责其衣食住行，日侍左右。一日，该西番僧对哈麻道："我曾在西番受过欢喜佛之戒。传受得这一演揲儿法，真乃灾灵非凡。人若传受了这个秘术，可以长生不老。一夜之间能够御女数十，采阴补阳，超凡入圣。"哈麻乃对好事漠不关心、对坏事却兴味盎然之人。他听毕该僧之言，便萌生了取悦皇帝以便愈加受宠的想法。

话说妥懽帖睦尔可汗将一切政务交予脱脱丞相，每日钻研手工雕刻和建筑模型等与其皇帝身份不符的事务。他亲自削木构宫，让工匠按他的图纸来搭建。他还亲自绘制样本，命工匠建造一个龙船。该龙船长一百二十尺，宽二十尺，龙身与殿宇用五彩金装，前有两爪。船首建帘棚，供人穿行，船尾建“吾殿”阁楼，供赏湖色。用水手二十四人于船两旁，各执一浆。船行驶时，其龙首眼口爪尾皆动。龙船建好后，妥懽帖睦尔可汗经常携嫔妃乘船至北海公园游玩。

妥懽帖睦尔可汗还自制一报时宫漏。该宫漏高约六七尺，宽约三四尺，“造木为匮，阴藏诸壶其中，运水上下。匮上设西方三圣殿，匮腰立玉女捧时刻筹，时至，辄浮水而上。左右列二金甲神人，一悬钟，一悬钲，夜则神人自能按更而击，无分毫差。当钟钲之鸣，狮凤在侧者皆翔舞。匮之西东有日月宫，飞仙六人立宫前，遇子午时，飞仙自能耦进，度仙桥，达三圣殿，已而复退立如前。大都人对妥懽帖睦尔可汗亲自绘制的宫漏拍手称绝，便唤其为‘鲁班天子’”。

妥懽帖睦尔可汗还善于歌舞，经常挑选姿色上佳的宫女，让她们按其自编的曲谱起舞作乐。哈麻的妹婿秃鲁帖木儿投其所好，让西域番僧编排了一段具有宗教特色的舞蹈并展示给妥懽帖睦尔可汗观赏。该舞蹈名叫“天魔舞”。“天魔”在梵语中的意思是“试探”。佛经中称，天魔舞有九尊：三身尊，即搅扰、夸勇、丑陋；三法尊，即压制三毒（贪、嗔、痴）；三心尊，即秉持慈悲、康乐、仁爱之心。

相传释迦牟尼修身成佛后，天魔波旬想阻挠他圆成佛果，便命令三个魔女前去蛊惑他。三魔女盛装严饰，罗刹临风，兰麝馥郁，凌波微步来到释迦牟尼身前，殷勤献媚，桃面嫣然。但释迦牟尼身心寂定，视而不见，犹如莲花出淤泥而不染。三个魔女不肯死心，竭尽种种妖娆之态，淫蝶之状。释迦牟尼训诫她们道：“你们形体虽好，心不端正，好比精美的琉璃瓶贮粪机，不自知耻，还敢来诳惑人吗？”又使法力，使魔女得见自身恶态，只见骷髅骨节，皮包筋缠，脓囊涕唾，丑状鄙秽。魔女看后，意念一转，羞耻惭愧，匍匐而遁。

西番僧根据佛祖拒绝天魔色诱这一传说，演化创编了“十六天魔舞”。舞女们将头发梳成若干小辫，首戴象牙佛冠，身披若隐若现的璎珞，下着大红色镶金边的超短裙，上穿金丝小袄，肩上有云霞般的披肩，绶带鞋袜等，手执龙笛、头管、小鼓、筝、琵琶、笙、胡琴、响板等。其中一个执铃杵领舞，所有舞女姿态各异，诱人眼目。这便是“天魔舞”。遇宫中做法事及举行庆典活动时，均进行“天魔舞”表演。当时，观赏“天魔舞”的著名诗人萨都剌吟道：“凉殿参差翡翠光，朱衣华帽宴亲王。红帘高卷香风起，十六天魔舞袖长。”由此可见，“天魔舞”绝非野史外传中所说的淫秽之术，而是一种与宗教相关的歌舞表演形式。但是，所有事物都有两面性。

哈麻实为小人，当初因设帐房于御幄之后、出入皇后宫闱无间等罪状被革职逐出宫去，后经脱脱保荐重返宫中，如今却利用妥懽帖睦尔可汗寻欢作乐之心态，将皇上引入歧途。妥懽帖睦尔可汗整日沉浸于观赏“天魔舞”，不仅冷落、疏远了后宫嫔妃，而且对朝政事务置之不理。

妥懽帖睦尔可汗暗自祈祷：“父皇和世㻋忽都笃可汗三十岁驾崩、叔父图帖睦尔札牙笃可汗二十九岁驾崩。他们平时并无疾病困扰，均突然暴毙。如今朕已三十三岁，身体虽安康，却说不准哪天遭横祸。愿上天保佑朕长命百岁！”哈麻看透皇帝心思，便奏道：“陛下虽尊居万乘，富有四海，不过保有现世而已。臣听闻一西番僧习得长生不老之密宗，人生能几何，当受此秘密大喜乐禅定。帝何不请之？”妥懽帖睦尔可汗喜道：“此西番僧现在在何处？速速引来！”哈麻为得圣宠，早已与那番僧交往甚密，因此亲自请来引见于妥懽帖睦尔可汗。

妥懽帖睦尔可汗问道：“圣僧教于朕何术？”西番僧道：“贫僧在西番受过欢喜佛之戒，习得密宗之术。该术唤作‘演揲儿法’，即阴阳双修法，以男女双身之拥抱交合为无上瑜伽之极则，因而成立本性金刚乘。”妥懽帖睦尔可汗未解道：“何谓阴阳双修？密在何处？”西番僧未及开口，哈麻上前奏道：“阴阳双修即男女双修，采阴补阳，超凡入圣。”西番僧继续言道：“天有不测风云，人有旦夕祸福，古往今来没有哪个君王能躲得过死亡。菩萨言世间一切痛苦之源乃贪、嗔、痴，若要脱离苦海必须修炼密乘无上瑜伽。”修炼密乘无上瑜伽，达到最高境界时必须男女双修，这就是阴阳双修。

哈麻妹婿秃鲁帖木儿从旁言道：“陛下若熟习此术，温柔乡里，乐趣无穷，并且上可飞升，下足永年。”妥懽帖睦尔可汗问道：“阴阳双修也有细小与无穷之分？”秃鲁帖木儿道：“尚有一双修法，比演揲儿尤妙，演揲儿仅属男子，双修法并及妇女，陛下试想房中行乐，阳盛阴不应，上行下不交，还是没甚趣味。”西番僧补充道：“这须龙凤交修，方期完美，才能修成极乐之身。”妥懽帖睦尔可汗道：“朕的正后，素性迂拘，不便学习……其他后妃，或可勉学，但一时也恐为难呢。”西番僧道：“普天下的子女，何一非陛下的臣妾，陛下何必拘定后妃，但教采选良家女子，入宫演习，自多多益善了。”听罢哈麻及秃鲁帖木儿的谄媚之语，妥懽帖睦尔可汗心想，“不管如何，只要能延年益寿即可”，便开始修炼西番僧所说的阴阳双修之密术，立志欲得“极乐之身”。

妥懽帖睦尔可汗将军政大权全权托付于脱脱丞相；册封儿子爱猷识理答腊为皇太子并任命为中书令；还依哈麻之言，宣召三十名平民之女入宫，开始习练阴阳双修之密法。妥懽帖睦尔可汗让西番僧、哈麻及秃鲁帖木儿三人牵着鼻子走，将帝国皇朝及后宫嫔妃完全抛于脑后，整日修炼无上大法，宫里宫外骂声一片。据外传记载，西番僧因惧怕宫中侍臣的劝诫和阻挠，在远离皇宫的偏僻之地搭建十几所养鸽棚舍，妥懽帖睦尔每日经密道到此处进行修炼。这条路被称为“色济克乌格路”（事事无碍之意）。

红巾军起义头领刘福通在脱脱丞相的强力镇压之下，虽然遭受重创，但是经过几年的发展抗争，在河南、安徽等地再次兴起。刘福通率几万人攻克汝宁、颍州，在亳州拥立韩山童之子韩林儿为“小明王”，建立“大宋国”；徐寿辉建立“天完国”，扰乱江淮之地；郭子兴也起义，占领濠州；张士诚率盐民起义，盘踞高邮，建立“大周国”。故此，中原再现大乱之势。

脱脱丞相受皇上重托，日夜操劳朝政事务，大兴农桑业以解决温饱问题，巡访各地考察地方守令的履职情况。以百姓生活改善与否、人口数量增加与否、庄田增多与否、减免赋税与否等作为晋升降免和赏罚标准，评定各级官员，无半点闲暇。红巾军起义军在河南、安徽、江浙等地再起烽烟，池州、太平等诸郡均被攻陷。每日诛杀县官、抢劫富户、打家劫舍的急报如雪片般从四处飘来，令脱脱心急如焚，忙得不可开交。

一日汝中柏对脱脱言：“丞相日理万机，为朝政事务肝脑涂地，皇帝却演习西番僧所授阴阳双修之淫术，使上下共愤。烦请丞相进谏于帝！”脱脱对宫中情形略有耳闻，因完全托付于哈麻，所以一直很放心。脱脱言：“如何宫禁中闹得这般情形，难道哈麻等日侍皇上，竟不去规谏么？”汝中柏道：“休提起哈麻，他便是祸魁乱首哩。”脱脱大为惊异道：“哈麻如此为恶，不特负皇上，并且负某，某当即日进谏，格正君心。”说毕直奔皇宫。

脱脱欲大步迈进皇宫殿门时，不料被殿门侍卫官阻拦。脱脱怒叱道：“我有要事奏闻皇上，你为何阻我进去？”殿门侍卫官道：“万岁有旨，不准外人擅入！”脱脱道：“我非外人，不妨入内。”将侍卫官推至一旁，竟自闯入。此时，妥懽帖睦尔可汗正在密室修炼男女同修的演揲儿法，忽听秃鲁帖木儿报道：“不好了！丞相脱脱来了！”妥懽帖睦尔可汗急道：“司阍何在？如何令他擅入！”秃鲁帖木儿道：“他是当朝首相，威焰熏天，何人敢来拦阻？”妥懽帖睦尔可汗道：“罢了！罢了！我便出来，你速去阻住，教他在外候着！”说毕整理衣冠，慢悠悠地走出来。只见脱脱两眼怒视秃鲁帖木儿，令他畏惧万分，羞愧难当，无处藏身。

妥懽帖睦尔可汗问脱脱道：“丞相何事到此？”脱脱顿收怒容，上前叩谒，启奏道："乞陛下传旨，革哈麻职，逐西番僧及秃鲁帖木儿等，以杜淫乱！"妥懽帖睦尔可汗道："哈麻等有何罪名？"脱脱道："古时所说的暴君，莫如桀纣，桀宠妹喜，祸由赵梁，纣宠妲己，祸由费仲，今哈麻等导主为非，也与赵梁、费仲相类，若陛下还要信任，不加诛逐，恐后世将比陛下为桀纣哩。"妥懽帖睦尔可汗道："哈麻系卿所举荐，如何今日反来纠劾？"脱脱叩道："臣一时不明，误荐匪人，乞陛下一律加罪！"妥懽帖睦尔可汗道："这却不必！朕思人生几何，不妨及时行乐，况军国重事，有卿主持，朕可无虞，卿且让朕一乐罢！"脱脱道："变异迭兴，妖寇日炽，非陛下行乐之时，陛下亟宜任贤去邪，崇德远色，方可拨乱致治，易危为安，否则为祸不远了！"妥懽帖睦尔可汗道："丞相且退，容朕细思。"

脱脱拜别皇上，等待数日，却不见有任何诏旨，只闻各省郡官员陆续来报各地作乱消息。河南行省平章政事来报，以刘福通为首的红巾军已攻克邓州（今河南省邓州市）、徐州（今河南省许昌市）、嵩州（今河南省嵩县）、洛阳（今河南省洛阳市）等地；以张士诚为首的红巾军攻下了泰州、兴化，自称"诚王"，占据高邮，建"大周"国，年号"天佑"，杀官兵劫百姓，无恶不作。脱脱丞相将这些匪乱一一详禀于皇上，妥懽帖睦尔可汗这才露出气急败坏之象，即刻下诏命脱脱丞相亲率大军镇压各郡红巾军匪乱，并命大理宣慰司都元帅答失八都鲁率蒙古骑兵从四川迁至河南，助河南行省平章政事泰不华征讨红巾叛军。

至正十四年（1354 年）九月，脱脱丞相奉命出发前往高邮征讨张士诚部红巾军。临行前，汝中柏认定哈麻必为后患，劝脱脱除之。脱脱犹豫不决，命其与也先帖木儿商议。奸人哈麻早已探得此消息，怀恨在心。哈麻在脱脱领兵出征第二天，便指使监察御史们再奏也先帖木儿上次兵败之罪。故此，也先帖木儿被革职逐回原籍。十一月，脱脱大军团团围住高邮，张士诚惧官兵军威，自知无力抵抗，便准备投降。谁知，哈麻挑拨奇皇后、皇太子与脱脱兄弟的关系，并唆使监察御史袁赛因不花奏劾脱脱兄弟。袁赛因不花收取哈麻的重礼后，以“劳师动众，未立寸功”之罪再三弹奏脱脱丞相。奏章称：“脱脱出师三月，略无寸功，倾国家之财以为己用，半朝廷之官以为自随。又其弟也先帖木儿，庸材鄙器，玷污清台，纲纪之政不修，贪淫之心益著。”此时的妥懽帖睦尔可汗修炼大喜乐法，正处在高境界阶段，故未及弄清原委便下诏削去脱脱兵马指挥权，将之贬居至江苏淮安。

哈麻将圣旨直接传送至脱脱丞相所驻高邮军营。军中参议龚伯忙向脱脱密禀道：“将在军，君命有所不受。丞相只管一意进讨，休要开读诏书：若诏书一开，大事去了！”脱脱道：“天子有诏，我若不从，便是抗命；我只知有君臣大义，生死利害，在所不计。”言毕，跪听诏命道：“臣至愚，荷天子宠灵，委以军国重事，早夜战兢，惧弗能胜。今得释此重负，皇恩所及，也算深重了！”随后，脱脱丞相召集将士，令各率所部，听后新任统帅节制。又拿出兵甲及名马三千，作为分赐。各将士纷纷落泪，客省副使哈剌答奋身跃起道：“丞相此行，我辈必死他人手中，今日宁死丞相前，借报知遇。”言至此，即拔剑自刎。就这样，元军营中大乱，百万精兵烟消云散。

不久高邮之战大败，百万兵马烟消云散的消息传至妥懽帖睦尔可汗处。监察御史们上奏皇帝，言对脱脱兄弟的处分太轻了，请求严加惩处。妥懽帖睦尔可汗又下一道诏书，将脱脱流放到云南，将其弟也先帖木儿流放到四川碉门，将其长子哈剌章流放于肃州（今甘肃省酒泉市），将其次子三宝奴流放于兰州（今甘肃省兰州市），所有家产全部没收。脱脱赶赴云南，途经大理腾冲，知府高惠见脱脱，欲以其女侍奉脱脱，脱脱拒绝道：“吾罪人也，安敢念及此！”脱脱抵达云南后，哈麻秘密使人伪造圣旨，在一个叫作“阿轻乞”的地方将其毒害，脱脱时年四十二岁。

《元史》称：“脱脱仪状雄伟，颀然出于千百人中，而器宏识远，莫测其蕴。功施社稷而不伐，位极人臣而不骄，轻货财，远声色，好贤礼士，皆出于天性。至于事君之际，始终不失臣节，虽古之有道大臣，何以过之。惟其惑于群小，急复私仇，君子讥焉。”后来妥懽帖睦尔可汗懊悔不及，为脱脱平反昭雪，恢复脱脱的所有官爵，还其家产；将脱脱之子哈剌章、三宝奴召回朝廷，封哈剌章为中书平章政事，封三宝奴为知枢密院事。

哈麻假传圣旨毒害脱脱，实际上就是葬送元朝之举。先前，脱脱与别儿怯不花为敌，轻信哈麻，反倒死于他手。刘秉忠所预言的“败于西域人”，此刻得到验证。

第十章

刘福通骄横欲复幽燕
察罕帖木儿光复豫鲁

脱脱死后，红巾军打着“直抵幽燕之地，重开大宋之天”的战旗，在亳州建立“大宋国”。对此，元顺帝诏命答失八都鲁、泰不华等名将围剿、征讨刘福通起义军。然而，刘福通起义军屡屡攻破元军围剿，烧毁上都，攻陷汴梁，势力大增。在元朝江山岌岌可危的千钧一发之际，察罕帖木儿组织义兵，联合李思齐义兵攻破了罗山的红巾军。当时元朝的官军破敌无方，忽然出现了地主武装收复城池，因而朝廷对察罕帖木儿组织地方武装的做法大加赞赏，授察罕帖木儿中顺大夫、汝宁府达鲁花赤之职。察罕帖木儿以一师之力歼灭百万红巾军，力挽元政府于倾覆。他与刘福通部的红巾军屡战告捷，迫使北方红巾军一度处于低潮。然而就在他即将消灭红巾军东路军余部的时候，却被叛将暗杀，遇难于益都。察罕帖木儿是元末挽救元朝的重要希望，他的死亡加速了元朝的灭亡。

撤出颍州后，刘福通率红巾军南进，攻陷了军事要地朱皋镇。朱皋镇位于淮河、浉河汇流处，河南行省及湖广行省交界。元朝在此地建有一个大粮仓，刘福通攻占该粮仓，救济几十万百姓，起义军士气大增，扩充至几十万之众。刘福通率起义军征战黄河南北两岸，陆续攻克河南、陕西及山西州县，途中寻得白鹿庄起义后逃亡的韩山童之妻杨氏及其子韩林儿。韩山童即红巾军领袖，也是白莲教教主，因此在北方民间威望甚高，起义初期被封为“明王”。红巾军起义军头目刘福通等商议将其子封王，以此赢得民心并号召百姓，对起义军极为有利。故正式拥立韩林儿为帝，封其为“小明王”，建立政权，国号“大宋”，年号“龙凤”。

妥懽帖睦尔可汗闻听红巾军在亳州建立“大宋国”，并打着“直抵幽燕之地，重开大宋之天”的战旗，立刻诏命四川行省参知政事答失八都鲁同河南行省平章政事泰不华汇军，围剿、征讨刘福通起义军。答失八都鲁受命后，从四川日夜兼程，于河南边界同泰不华兵马汇合，合力围剿刘福通起义军。刘福通吸取上次兵败的教训，改变战略，没有正面迎战，而是分兵出击元军外围，以此抵御围剿。西遣李武、崔德破潼关攻向关中；东派毛贵从海州（今江苏省连云港市西南）绕过海道攻下胶州（今山东胶州），夺取山东大部分州县。

见刘福通起义军屡屡攻破元军围剿，势力大增，妥懽帖睦尔可汗派遣镇守漠北的探马赤军户刘哈剌不花代替泰不华，援战答失八都鲁兵马。刘哈剌不花所带领的将士大多是中原人士，因此非常熟悉河南地况。刘哈剌不花首先围剿巢居太康（今河南省太康县）的红巾军，开辟了新战事。答失八都鲁率河南元军与刘哈剌不花带领的元军会师，围攻"大宋国"政权所在地亳州。刘福通爬上城墙，只见旗帜遮日，喊声震天，地动山摇，一高脖宽胸的人正骑一匹云斑马挥剑厮杀。刘福通从此人的坐骑云斑马认出他就是答失八都鲁，便对其将士言道："元军开始攻城，集中火力射杀那个持剑骑云斑马之人！"不久，炮火齐鸣，背着云梯的蒙古步兵逼近城墙。刘福通在城墙上方挥旗指向云斑马，只见"嗖"一声一支冷箭飞来，直直地插入答失八都鲁的左肩。答失八都鲁"啊"一声挥剑继续往前，又一支冷箭飞来正中其右眼。翼将刘哈剌不花驰马袭来，一手揪起答失八都鲁上马回撤。攻取亳州之战暂时休战。

妥懽帖睦尔可汗闻听答失八都鲁重伤的消息后，诏遣枢密院知院答里麻失理兵援答失八都鲁。但是，途中遭遇敌军伏兵，答里麻失理被杀，全军覆灭。刘福通趁机反攻，攻下曹州（今山东省菏泽市）、蒲州（今山东省鄄城）、大名（今河北省邯郸市大名县）、卫辉（今河南省辉县市）等地，士气猛增。身负重伤却还未殒命的答失八都鲁咬牙坚持，奋起杀敌，收复了很多失地。但是将领损失惨重，不宜投入大规模的战斗中。一时难以全歼红巾军的元军，退驻于石村养兵屯粮，坐等良机准备再战。

妥懽帖睦尔可汗在不了解答失八都鲁大军所面临的艰难战局的情况下，屡次下达发起总攻、速剿乱军的诏书，还严厉责骂答失八都鲁退驻石村，错失剿灭敌人的良机。刘福通探得元廷因不了解事情而怀疑答失八都鲁，便使用了离间计。他以答失八都鲁的名义伪造投敌书，故意丢在元廷使臣必经之路上。很快，元廷使臣拾得该书上报朝廷。妥懽帖睦尔可汗联想到答里麻失理惨遭敌军伏兵被害的事情，当即下令召答失八都鲁进京问罪。答失八都鲁得知此事后，无处申冤，伤情加重，忧愤而死。

答失八都鲁乃撒勒只兀惕部（又称珊竹带部）人。撒勒只兀惕部始祖是成吉思汗七世祖合赤曲鲁克之弟纳臣把阿秃儿之子失之兀惕。答失八都鲁的祖先曾跟随成吉思汗、窝阔台汗、蒙哥汗征战多地，功勋卓著。答失八都鲁实数功臣名将后裔，他的冤死对妥懽帖睦尔可汗帝朝的稳固产生了深远的影响。

刘福通得到答失八都鲁冤死的消息后大为欢喜，心想元廷内部不合，军臣争夺属地，各自为政，没有统一指挥，北伐良机已到来。于是为了收复幽燕之地，刘福通兵分三路北伐。毛贵率东路军攻占山东、河北，准备围攻大都；关先生、破头潘率中路军转战山西，援兵东路军；李武、崔德率西路军进军陕西，阻击元军以缓解东西两路军的压力。

东路军统帅毛贵乃有谋略之人，一方面举兵进攻，另一方面进行宣传蛊惑，离间元朝官员，致使敌军士气大减。不久，攻破山东大部分州县，继续扩大战果，攻破青州（今河北省青县）、蓟州（今天津市蓟县），直逼霍州（今北京市通州区境内）。关先生、破头潘率领的中路军由山西汾河河谷北趋，准备经太行山占领井陉关（今河北省井陉县西北的井陉山处），再与东路军汇兵攻打大都。但是，元兵早有防备，重兵把守各路关隘，所以中路军未能通过太行山，东返攻破太原、大同，奔赴元上都。上都留守也先忽都乃丞相太平之子，几乎没有什么战斗经验，再加上毫无思想防备，因此迎战红巾军即刻战败。红巾军占领上都后，放火烧毁宫殿，为害上都城七天七夜后，东进辽阳。西路军攻武关 (今陕西省商洛市西南)，夺七盘，抵达灞上（今陕西省西安市以东)，直逼陕西、山西行省府邸长安。

听到三路北伐军纷纷告捷的消息后，刘福通亲率主力欲攻陷汴梁。汴梁城守将竹贞上奏求援，但是当时大都形势也危急万分，故妥懽帖睦尔可汗无力增派援兵。竹贞死守汴梁城三个月，未见援兵到来，便弃城而逃。刘福通轻而易举拿下古代名城汴梁，然后迁都于此。

刘福通的起义军仅用一年围困大都，烧毁上都，直逼山西、陕西行省府邸长安，攻陷名城汴梁。对此，妥懽帖睦尔可汗心急如焚，命各州郡派兵阻击、镇压起义军。但是起义军越战越勇，每战必胜，士气大振，元朝帝国几乎被起义军占领。正在千钧一发之际，一个骁勇善战之士挺身而出，横扫起义军，收复大半失地。此为何人？颍州沈丘人士，察罕帖木儿是也。察罕帖木儿是乃蛮部人，乃忽必烈薛禅可汗在位时的大将军乃蛮台后裔。他的祖父奉命移镇颍州，从此世代居住于此。

至正十二年（1352 年)，察罕帖木儿召集地方武装，同罗山人李思齐建立联合义军，大破罗山红巾军，升任汝宁府达鲁花赤。他率领的义军由起初的几百人，不到半年便扩充至几万人，且所向披靡，威名大振。刘福通派遣的西路军攻占陕州（今河南省三门峡西）时，察罕帖木儿奉命征讨。察罕帖木儿至陕州，见城坚不可摧，便想了一计：在其军营中故作炊烟生火状疑惑敌人，自己却率军夜袭与陕州唇齿相依的灵宝。因灵宝红巾军毫无防备，故不战自降。察罕帖木儿攻破灵宝，立刻返回攻打陕州。西路红巾军闻风丧胆，弃城遁走。察罕帖木儿乘胜围攻逼近长安的李武部红巾军，李武、崔德领兵出降。

妥懽帖睦尔可汗下诏擢升察罕帖木儿为山西、陕西行省左丞，命其速速兵援京城。察罕帖木儿领诏后，即刻派遣其翼将关保等分屯关峡要口，自率精兵东行。此时，正在围攻大都的毛贵率领的东路军闻听察罕帖木儿东行的消息，惊恐之余退往山东。关先生、破头潘率领的中路军烧杀上都、大掠辽阳，满载而归，正忘乎所以。途中遭遇察罕帖木儿大军，破头潘被生擒，掠夺来的金银财宝及牛羊尽被收回。关先生东逃渡过鸭绿江，在高丽国境内被杀。

察罕帖木儿收复山西、陕西行省各州县，养兵半年，做毕充分准备后直捣“大宋国”首都汴梁。韩林儿虽被拥立为“大宋国”之帝，但实际上刘福通独揽大权。刘福通虽然有不畏牺牲之勇，但是没有统率三军之才。红巾起义军既没有一致的目的，也没有统一的指挥，实乃乌合之众。在这种情况下，察罕帖木儿以摧枯拉朽之势袭来，红巾军节节败退，汴梁城陷入孤立无援之地。眼见形势不妙，刘福通携韩林儿逃至安丰（今安徽省寿县）。察罕帖木儿攻下汴梁后，下令安抚百姓，开仓放粮赈济饥民。妥懽帖睦尔可汗喜闻捷报，晋升察罕帖木儿为河南行省平章政事兼知行枢密院事。

刘福通退至安丰后，企图东山再起，便联络北伐东路军首将毛贵。毛贵此时遭遇元军攻击，被迫退驻山东。赵均用乃毛贵麾下信臣大将。他随毛贵绕道海路攻取山东、河北州县，围攻大都，而且阵前杀敌，屡立战功。但是，退驻山东后，赵均用同毛贵的关系变僵，赵均用起异心将毫无准备的毛贵刺死，夺其军权。毛贵手下心腹们愤恨之下便将赵均用杀死。至此，北伐东路军四处溃散。毛贵围攻山东州县时来降的田丰和王士诚原为元朝地方守将，他俩见红巾军内部分裂，采取观望态度。他们建立自己的军队，深得民心，实力大增。

至正二十一年（1361年）六月，察罕帖木儿探得山东红巾军内部分裂的消息，即刻领兵自河南孟津（今河南省孟津东）出发，于八月抵达大清河。察罕帖木儿派遣其义子扩廓帖木儿率精兵五万进攻东平（今山东省东平县附近）。据守东平的王士诚迎战败北，便向据守济宁的田丰求援。谁知田丰无心恋战，早已归降察罕帖木儿。王士诚孤立无援，也只好开城投降。察罕帖木儿乘胜前进，攻破济南，围攻益都。妥懽帖睦尔可汗大喜，重赏察罕帖木儿，封其为中书省平章政事，知行河南、山东枢密院事。

至正二十二年（1362年），察罕帖木儿部署兵马，准备攻城炮具，在城外挖掘深沟，筑长围，引南洋河水灌城中，采用鼠洞灌水之法兵围益都。察罕帖木儿命刚降不久的田丰、王士诚自益都南面攻城。田丰与王士诚密议道："我以山东地降汝，又为汝平海上诸城之不同心者，诚以汝为元朝中兴人物也，今若此，是汉室之曹操耳，使汝为曹操，我岂不可为之耶？"遂勾结益都守将陈猱头，谋定里应外合夹击察罕帖木儿军队。

田丰与王士诚商定，以视察营垒之名邀请察罕帖木儿前来田丰军营，伺机将其刺杀。察罕帖木儿正欲前往，诸将略起疑心，以为不可往。察罕帖木儿曰："吾推心待人，安得人人而防之。"众将见劝说无果，便说多带侍卫前往。但是，察罕帖木儿只带轻骑十一人赴田丰军营。田丰、王士诚笑脸出迎，拴好马匹喂养，将侍从们请到别处款待。察罕帖木儿未见异样，便放下心来。察罕帖木儿端坐主席，正准备接取田丰敬献之酒时，王士诚忽然拔剑刺来。察罕帖木儿躲闪不及，用右手挡住来剑，不料右肩被刺，仰面倒下。察罕帖木儿带来的侍从也在另一间帐幄被悉数逮杀。

田丰、王士诚使用奸计刺杀察罕帖木儿后，携兵马藏匿于益都城内。察罕帖木儿之义子扩廓帖木儿听到义父被害的消息，愤怒至极，率军攻打益都。益都守将陈猱头惊慌失措，遣人向刘福通求援。刘福通当时从汴梁城突围逃至安丰，自顾不暇的他自然没有派出援兵，这使得陈猱头不知所措。益都城军民向来钦佩察罕帖木儿之忠勇仁义，听到其不幸遇害纷纷咬牙切齿，遂将陈猱头、田丰及王士诚捆至扩廓帖木儿军营。扩廓帖木儿眼见杀父仇人，两眼冒星，实难抑制胸中怒火。他剥去田丰、王士诚二人衣服，让他们跪拜于察罕帖木儿灵位前，剖腹挖心，以祭其父亡灵。陈猱头也被当即砍杀。

妥懽帖睦尔可汗闻听察罕帖木儿遇刺的消息，震悼扼腕，追封其为“推诚定远宣忠亮节功臣”，谥献武，在河南、山东等地立庙，长吏岁时致祭。封其义子扩廓帖木儿为中书省平章政事，统领河南、山东行省兵马。妥懽帖睦尔可汗诏谕其众将士曰：“凡尔将佐，久为察罕帖木儿从事，惟恩与义，实同骨肉，视彼逆党，不共戴天，当力图报复，以伸大义。”扩廓帖木儿继承其父遗志，统率多路大军，围剿山东红巾军，收复、平定了山东、河南众多州县。

第十一章

杖杀佞臣哈麻解众怒
奇皇后不轨预谋内禅

元顺帝受哈麻、雪雪及秃鲁帖木儿等佞臣的蛊惑，彻底堕落于声色犬马，沉溺密宗，修炼所谓"男女双修之术"，将朝政全权交给皇太子爱猷识理达腊。此时，哈麻企图让顺帝禅让于皇太子，被其妹夫秃鲁帖木儿捅给顺帝。顺帝大怒，下诏贬斥哈麻兄弟二人。此二人在流放的途中被活活杖死。元顺帝有三位地位较高的皇后——答纳失里、伯颜忽都、奇皇后（蒙古名完者忽都）。其中，奇皇后与皇太子渐萌异心，企图让顺帝禅位。右丞相搠思监采取了苟同的态度，左丞相太平则严词拒绝。权臣搠思监及宦官朴不花等搅乱朝政，滥用职权，贪婪无度，趁乱中饱私囊。对此，御使大夫老的沙上奏皇上要求革职查办。中原各地农民起义烽烟四起，声势浩大，举国大乱，元朝帝国几乎陷入土崩瓦解之地步。当时元朝已丧失半壁江山，就连都城也处于危机之中。

哈麻陷害脱脱丞相后，升至中书省左丞相之职，其弟雪雪亦晋为御史大夫。国家大柄、朝政大权尽落入他兄弟二人之手。但是，哈麻兄弟二人不像以前那般昼夜不分地随意进出皇宫，不能与皇帝一起宣淫作乐了。反而，哈麻之妹婿秃鲁帖木儿却与西番僧亲昵有加。他引导皇上修炼阴阳双修之密法，赏“十六天魔舞”，深得皇帝宠信。哈麻暗思，这样下去秃鲁帖木儿将很快取代他，便萌生将其铲除之意。

一日，哈麻告其父秃鲁曰：“我兄弟位居宰辅，宜导人主以正，今秃鲁帖木儿专媚上以淫亵，天下士大夫必讥笑我，将何面目见人，我将除之。且上日趋于昏暗，何以治天下，今皇太子年长，聪明过人，不若立以为帝，而奉上为太上皇。”实际上，引导皇上走上荒淫之路的罪魁祸首乃是哈麻，此刻他却故装好人，其真正意图是废妥懽帖睦尔可汗，立皇太子为帝。

哈麻之妹听到哈麻父子的对话，急忙告知

其夫。秃鲁帖木儿惊慌之余反复追问。他惊恐的不是内禅之事，而是若要立皇太子为帝，他怕人头不保，招来杀身之祸。于是，他暗想，快刀斩乱麻，此事不得迟疑，便入宫觐见妥懽帖睦尔可汗。然而，秃鲁帖木儿只字未提哈麻责骂其媚帝之事，而是曰："哈麻谓陛下年老故耳。"妥懽帖睦尔可汗听到"年老"二字，领会成禅位之意，便大惊道："朕头未白，齿未落，遽谓我为老耶！谅是哈麻别有异图。"于是，下诏命哈麻兄弟二人在其府邸静等皇上降罪。

秃鲁帖木儿怕惨遭哈麻毒手，便将谕旨传达给御使大夫搠思监，自己竟藏匿于尼寺中。次日，御史大夫搠思监痛陈哈麻兄弟的罪恶，奏请陛下降罪。妥懽帖睦尔可汗道："哈麻、雪雪兄弟二人虽有罪，然侍朕日久，且与朕弟懿璘质班皇帝实同乳，可姑缓其罚，令其出征。"搠思监见圣意已变，未敢再言。他默念道："这遭坏了！哈麻定不能饶我。"他飞步退出，奔至中书右丞相定住府中商议对策。

中书右丞相定住素来与哈麻不合，故与平章政事桑哥失里商议联名上奏皇帝，陈述哈麻、雪雪之罪。妥懽帖睦尔可汗见首臣亲拟奏章弹劾哈麻兄弟二人，便下诏放逐哈麻于惠州、雪雪于肇州（今黑龙江省肇州县）。哈麻兄弟二人平时为非作歹，陷害他人，结怨甚多。闻听他二人被削职远逐的消息，过去受其压迫、陷害的人们，将二人活活在途中杖死。妥懽帖睦尔可汗还下诏抄其家产。哈麻兄弟二人被远逐及活活杖死的主要原因是，他们预谋让皇帝退位，立皇太子为帝。妥懽帖睦尔可汗怎能容忍此等阴谋？哈麻兄弟虽因内禅立太子为帝而丧命，但在宫中因他们而掀起的"内禅"与"立太子"风波却在暗流涌动。该暗流的源头是奇皇后及其子爱猷识理达腊。

妥懽帖睦尔可汗的后宫嫔妃中有三位地位颇高的皇后。其中，第一位是太师燕铁木儿之女答纳失里。答纳失里，钦察部人，于至顺四年（1333 年）被封为皇后。遵照蒙古先祖诏定，只有弘吉剌部氏之女方可被册立为第一皇后，其他部氏之女不可。元统元年（1333 年）九月，图帖睦尔札牙笃可汗的皇后卜答失里被尊为皇太后。卜答失里对众臣曰："新君已立，为何迟迟不册立正宫皇后？速议为上！"众臣纷纷奉承、献媚于卜答失里太后，举荐刚死不久的燕铁木儿之女，纷纷表示："太师燕铁木儿之女答纳失里，雍肃惠慈，谦裕静淑，应被选为国母！"答纳失里自小娇生惯养，故以高傲居之，从未将妥懽帖睦尔可汗放在眼里。妥懽帖睦尔可汗对答纳失里的暴烈脾气也是睁一只眼闭一只眼。后来，燕铁木儿死后，她受其兄唐其势阴谋叛乱之事牵连，被丞相伯颜用酒毒死，年仅16岁。

妥懽帖睦尔可汗的第二任皇后是伯颜忽都，生于至治三年（1323年），弘吉剌部孛罗帖木儿之女。孛罗帖木儿乃海山曲律可汗之皇后真哥的侄子。至元三年（1337年）三月，伯颜忽都被册立为皇后。伯颜忽都皇后生性谦逊温和，心胸大度，对妥懽帖睦尔可汗敬爱有加，并事事为其着想。有一次，伯颜忽都皇后跟随皇帝到上京，中途妥懽帖睦尔可汗派遣宦官传谕伯颜忽都要到她那里过夜。伯颜忽都皇后心系皇帝安危，便推辞道："暮夜非至尊往来之时。"从此，妥懽帖睦尔可汗更加敬重她。

伯颜忽都皇后平时勤劳节俭，从不奢侈浪费。妥懽帖睦尔可汗见其生活节俭，便问道："中政院所支钱粮，皆传汝旨，汝还记之否？"伯颜忽都皇后对曰："妾当用则支。关防出入，必已选人司之，妾岂能尽记耶？"妥懽帖睦尔可汗道："汝乃朕第一皇后也，汝祖辈均为帝朝开国元勋之贵族，无人能阻汝之用！"伯颜忽都仍摇头不语，甚得帝心。伯颜忽都虽生一皇子，但二岁夭折。伯颜忽都皇后伤心欲绝，不久病逝。

妥懽帖睦尔可汗第三任皇后是一高丽贡女，名叫完者忽都，最初为皇宫奉茶宫女。元统元年（1333年），她以奇氏高丽贡女身份被宦官秃满迭儿选入宫中。完者忽都桃花脸、杏子颊、细柳身、蜂腰香肩，回眸一笑百媚生、倾城倾国。她不但貌美伶俐，还善于歌舞。妥懽帖睦尔可汗对她一见倾心，梦绕魂牵，日夜不离其左右。答纳失里死后，妥懽帖睦尔可汗想立宠爱的完者忽都为皇后。可是丞相伯颜力阻，称奇氏卑贱，不能继立中宫。当时，妥懽帖睦尔可汗初登皇位，立志革除弊政，光复祖业，因此听取了丞相伯颜的劝诫，没有册立完者忽都为皇后。

至元六年（1340年）二月，伯颜被革职贬至河南，三月，在被流放云南途中，病死于龙兴路驿舍。当时，皇帝与奇氏高丽女诞下一子，名为爱猷识理达腊。至此，妥懽帖睦尔可汗顺理成章地册封完者忽都为皇后。贪得无厌的完者忽都被尊为皇后之后，欲得更高的地位，开始笼络朝中大臣及王公贵族。

高丽乃元朝藩属国，因此，每年向元廷进献年轻貌美的贡女作为奴婢。当时，在蒙古王公贵族中风行着以府邸中没有高丽婢女为耻之说。起初，将高丽贡女以婢女用于府中，后来，蒙古大臣们开始将其取为嫔、纳为妾。完者忽都皇后推波助澜，形成此风气。因此，蒙古王公贵族均对完者忽都皇后另眼相看。因完者忽都皇后出身卑微，所以为讨众人拥戴便伪装自己，平时故作谦逊贤明之状。一方面，她细心照料、用心教导其子爱猷识理达腊，并常对他人讲，自己无事则学《女孝经》及史书，效法历代皇后之贤德；另一方面，她却以“母以子贵”的封建传统伦理准则，为其子爱猷识理达腊尽早被封太子，以继皇位而积极作为。

完者忽都皇后乃心善、慈悲之人，四方贡物中或有珍美食品，她都先派人拿去供奉太庙祖宗，然后自己才敢饮食。每遇饥荒，她命首都官员施粥于饥民。她还身先士卒，节省自己平时花销，救他人于水火。一次，京都郊外遭遇灾害，死伤者达十余万。她上奏皇帝，从国库拨出七千斧（锭）银两，命资政院使朴不花用于安葬死者。她还亲自去大悲寺命僧人诵经念佛三天三夜，以此超度亡灵。完者忽都皇后也是足智多谋之人，见妥懽帖睦尔可汗非常宠信脱脱丞相，便故意接近脱脱，将其子爱猷识理达腊寄养于脱脱丞相家中。

一日，脱脱随父赶赴甘州，完者忽都皇后便留脱脱之子哈剌章于宫中，同其子爱猷识理达腊玩耍。爱猷识理达腊让哈剌章背着自己，自己发出老鸦的声音，绕殿阶上的空地转三圈，接着又叫哈剌章做老鸦，自己来背哈剌章。哈剌章跪道："哈剌章，奴婢也；太子，使长也。奴婢不敢使使长负。"爱猷识理达腊大怒，遂用鞭子抽他。哈剌章的哭声被妥懽帖睦尔可汗听到，便问道："谁哭耶？"侍臣们答道："脱脱子哈剌章也！"妥懽帖睦尔可汗又问及因何而哭，侍臣们则将事情原委禀告皇帝。妥懽帖睦尔可汗大喜道："贤哉此子也！"完者忽都皇后见皇帝大赞脱脱，随即就问哈剌章道："汝亦思汝父脱脱耶？"妥懽帖睦尔可汗很快想到脱脱远赴甘州之事，不久将其召回大都，又拜为丞相。完者忽都皇后如此照顾脱脱，完全是为了日后利用脱脱之权威让其子爱猷识理达腊早继皇位。

至正十三年（1353年），妥懽帖睦尔可汗册封爱猷识理达腊为皇太子，任中书令之职。此时，爱猷识理达腊十五岁，妥懽帖睦尔可汗三十三岁。妥懽帖睦尔可汗知晓先皇们都未熬到他这般岁数就仙逝了，认为其龙体安康归功于修炼西番僧所授的演揲儿法，故整日倦怠朝政，沉迷于阴阳双修密法。日渐成长的皇太子爱猷识理达腊开始上心于朝事。一日，他向其母完者忽都道："父皇整日沉湎于阴阳双修之密宗，醉心于十六天魔舞，毫无觉悟之意，该如何是好？"完者忽都道："为母也担心至极，帝厌心于朝事，我屡劝未果。如今之计，学唐太宗李世民，让其禅位，奉其为太上皇，由吾儿代理朝政为上！"

哈麻兄弟被杖杀后，劾奏哈麻的御使大夫搠思监被调任中书右丞相。搠思监乃怯烈部人，蒙哥汗在位时的必阇赤长孛鲁合之后裔。泰定初，袭长宿卫，为必阇赤怯薛官。元统初年，出京为福建行省宣慰使兼都元帅。后升为中书省参知政事，再拜御使大夫。搠思监上任中书右丞相后，企图趁乱世获取更大的利益。正在此时，完者忽都皇后向其陈言，皇帝厌心国事，修炼密宗，执迷不悟，并表示让皇帝禅位立太子为帝之意。搠思监听毕便称要与左丞相商议后再定夺。

完者忽都皇后对搠思监贪财贪色之名早有耳闻，故叫来宦官朴不花，命其从宫里挑选三个姿色优美的高丽婢女连同一些高丽人参、珍珠等送于搠思监。朴不花与完者忽都皇后既是同乡又从小一起长大，亲密无间。元统年间，完者忽都被送进宫，得到妥懽帖睦尔可汗宠幸后被封为皇后。朴不花以宦官身份被调到完者忽都皇后宫中，负责皇后的日常起居。如今他已升任资正院使同知并掌管后宫财政。

搠思监收到完者忽都皇后送来的厚礼，喜出望外，即刻找左丞相太平商议内禅之事。左丞相太平乃忽必烈薛禅可汗在位时的著名忠臣贺胜之子，原名贺唯一。太平听到搠思监提出的内禅之事，立即推辞，并表示此乃朝政大事，不可轻视。

完者忽都皇后见太平态度不明，便宴请太平于宫中。太平素来不贪杯、不好色、不贪财，故做应付了事之状。完者忽都皇后将太平请到上座，让美女斟酒倒茶，起舞助兴。太平厌恶道："皇后有何事直言，臣另有政务要忙!"完者忽都皇后道："丞相勿急，如今朝中形势危急，皇上厌恶政事，太子以此为忧。我们助太子处理朝政，一则顺应百姓之意，二则不负上天之好德!"太平道："内禅及立帝乃成吉思汗皇室内部事宜，另族无权干涉!"太平态度坚决，毅然拒绝。

完者忽都皇后感觉又羞又恨，勾结皇太子爱猷识理达腊及搠思监、朴不花等处处为难太平，鸡蛋里挑骨头，使得太平无法开展工作。一日，爱猷识理达腊找到太平愤道："我所用者，汝皆沮之，汝所用者，今皆以赃败，何也?"太平对曰："所知者，才也，故用之；所不知者，心也，虽父子之间，亦不能保其无私也。"爱猷识理达腊听到此言，知晓太平在暗指自己，于是大为恼火，甩门而去。太平觉出无法在朝为官，便称病辞职。至此，右丞相搠思监独揽朝事。

仗着完者忽都皇后在朝中地位日益显赫，奇氏之族人在高丽怙势骄横，强抢民女，掠夺财物，激起众怒。高丽王儿番下令予以警告，奇氏族人置之不理，反而更加猖狂。高丽王被逼无奈，下令尽数诛杀奇氏宗族之人。完者忽都皇后闻听此消息后谓皇太子爱猷识理达腊曰："尔年已长，何不为我报仇？"遂至妥懽帖睦尔可汗处，哭诉此事，并求皇帝为她报仇雪恨。

妥懽帖睦尔可汗听信完者忽都皇后的谗言，下诏革去高丽王官爵，封留驻大都的高丽王之弟为新高丽王，奇氏族人之子三宝奴为王子，同时，遣完者忽都皇后之弟同知枢密院事崔帖木儿为丞相，派兵送往高丽国。崔帖木儿护送新封高丽王及王子三宝奴远赴高丽。元军渡过鸭绿江至边塞时遭遇高丽伏兵。崔帖木儿慌忙骑乘一匹惊马，携十七名士兵突围逃回大都。妥懽帖睦尔可汗再未提及此事。

中原各地农民起义，烽烟四起，声势浩大，举国大乱，元朝帝国几乎陷入土崩瓦解之地步。右丞相搠思监对此危机置若罔闻，勾结宦官朴不花，滥用职权，贪婪无度，趁乱中饱私囊。搠思监指使信臣朵列及妻弟完者帖木儿印造伪钞，从中获利。监察御史燕赤不花向皇上劾奏此事，搠思监见事败露，遂令朵列自杀。妥懽帖睦尔可汗向搠思监问及印制伪钞之事，搠思监道："朵列伙同不法之徒所为，臣已下令尽诛！"妥懽帖睦尔可汗再无追究，只是下诏没收销毁伪钞模板。众臣对皇上的敷衍处置甚为不满，以答里麻失里为首的监察御史们不停地上书弹劾此事，要求严惩，但是最终妥懽帖睦尔可汗还是没有采纳众臣的劝奏。

御使大夫老的沙乃妥懽帖睦尔可汗之舅父（迈来迪皇后之弟）。他听到此事，亲自找到妥懽帖睦尔可汗，要求将搠思监及其同党朴不花革职查办，放逐远地。完者忽都皇后见国舅亲自出马弹劾搠思监和朴不花，惶恐不安地对皇太子爱猷识理达腊言道："丞相搠思监乃我们强大的朝政后盾，朴不花乃吾同乡且心腹。扳倒此二人实乃针对为母。"爱猷识理达腊回道："母后放宽心，儿臣自有计谋！"

第十二章

谗臣邪引太子入歧途
孛罗帖木儿兵谏庸帝

元顺帝起初对奇皇后企图让他退位之举并未放在心上。但是，他们的行动牵扯到国舅老的沙，迫使妥懽帖睦尔可汗不能继续倦怠朝野之事。受皇太子一党陷害的顺帝母舅老的沙出奔大同的孛罗帖木儿大营，皇太子一党追索不成便要求顺帝讨伐孛罗帖木儿。对此，孛罗帖木儿两度进攻大都，先迫使顺帝交出朴不花与搠思监，将二人杀死，后又使顺帝拜他为右丞相并赶走皇太子。皇太子逃到太原的扩廓帖木儿大营中，元朝一度呈现两个朝廷的局面。孛罗帖木儿使顺帝杀奸臣，赶走西番僧侣，裁汰宦官，减省钱粮，一度颇有作为，但后来秽乱后宫，酗酒杀人。在奇皇后的谗言下，顺帝命杀手刺杀了孛罗帖木儿。孛罗帖木儿在元朝末期时的政策很多是正确的，有益于维护元朝的统治秩序。元朝末期统治腐败，少数几个有才能的人还在统治阶级内讧中被害，这是元朝灭亡的重要原因之一。

皇太子爱猷识理达腊拜别其母后完者忽都，至右丞相搠思监府中将老的沙劾奏他之事一一告知，并表示其母后完者忽都甚是担忧。搠思监丞相道："帝授太子中书令，殿下何不以帝名下诏查办老的沙？"爱猷识理达腊茅塞顿开道："然也，父皇赋予之权为何不用？"遂叫来中书省承旨官员，伪造了查封御史台、逮捕问罪老的沙等人的圣旨。于是，那些上奏弹劾搠思监和朴不花的御史们纷纷被革职外放。唯独因老的沙身为皇亲国舅，所以未受到重罚，只是革去其御使大夫之职，安置于东胜州（今内蒙古呼和浩特市托克托县）。

爱猷识理达腊假造圣旨下令罢免老的沙之举，使搠思监和朴不花的气焰愈加嚣张，他们开始互相勾结，铲除异己。朴不花同搠思监谋道："十八功臣家子孙，朝夕在帝左右，我与汝等平日之所为，渠必得知，台家亦必知之，终当为我不利。"搠思监道："彼皆老的沙党也，老的沙既为孛罗所庇，必请兵来犯京师，十八人为内应，社稷能无危乎？”搠思监利用其丞相之职，抓捕这十八位大臣，并以谋害太子之罪将之押入监牢。

妥懽帖睦尔可汗起初对奇皇后企图让他退位之举并未放在心上，但是，他们的内禅行动牵扯到国舅老的沙，迫使妥懽帖睦尔可汗不能继续倦怠朝野之事。他秘密遣人将老的沙从东胜州接至大同，使之藏身于孛罗帖木儿军营之中。搠思监和朴不花探得此信，便对爱猷识理达腊奏道：“孛罗帖木儿窝藏老的沙乃叛逆之兆！”爱猷识理达腊大怒，命人赴大同孛罗帖木儿军营搜捕老的沙。孛罗帖木儿乃蒙古宗王贵族后裔，而且还有保护老的沙的皇帝的密谕在手，因此将来使痛揍一顿赶走了。

爱猷识理达腊大为恼火，心想孛罗帖木儿果真要造反，故假传圣旨欲削去其兵权，将其流放至四川。因孛罗帖木儿铭记脱脱被削去兵权遇害之事，故拒不接受皇太子假借皇帝名义颁布削他兵权的旨意，还将宣诏宦官斩杀于阵前。孛罗帖木儿向外宣布削他兵权并非皇帝旨意，并以“清君侧”为名兵发大都。爱猷识理达腊未料到孛罗帖木儿会如此迅速地进攻大都，而且将矛头直指自己。他速派东宫太子詹事不兰奚及知行枢密院事也速迎战孛罗帖木儿大军，自己见战况不利，却趁夜色偷偷从光熙门溜出，直奔古北口。也速至居庸关遇孛罗帖木儿副将秃坚帖木儿军队，不战而逃，不兰奚被擒。

秃坚帖木儿军队在大都郊外的清河驻营，令京城官民惊慌不已。妥懽帖睦尔可汗遣国师达达至秃坚帖木儿军营，追问其受孛罗帖木儿之命率军围困京都之缘由。秃坚帖木儿道：“只教奸相搠思监，权阉朴不花，执送军前，我便退兵待罪。”妥懽帖睦尔可汗不得已答应其要求，下诏逮捕搠思监和朴不花交给秃坚帖木儿。秃坚帖木儿命其兵将候于建德门外，自己进宫在延春阁拜见妥懽帖睦尔可汗，哭诉道：“左右蒙蔽陛下，非一日矣，祸及忠良，徜循习不改，奈天下何？吾执此二人去也，陛下亦宜省过，卓然自新，一听正人君子所为，不可复为邪说所惑，然后天下事可为，祖宗基业可固守也。”妥懽帖睦尔可汗听取了秃坚帖木儿的忠言劝诫，授予他中书省平章政事之职，并就此事降诏曰：

> 自至正十一年妖贼窃发，属尝选命将相，分任乃职，视同心膂，凡厥庶政，悉以委之。岂期搠思监、朴不花夤缘为奸，互相壅蔽，以致在外宣力之臣，因而解体；在内忠良之士，悉陷非辜。又复奋其私仇，诬构孛罗帖木儿、老的沙等同谋不轨。朕以信任之专，失于究察，遂调兵往讨。孛罗帖木儿已尝陈词，而乃寝匿不行。今宗王不颜帖木儿等，仰畏明威，远来控诉，以表其情，朕为恻然兴念，而搠思监、朴不花犹饰虚词，簧惑朕听。其以搠思监屏诸岭北，朴不花窜之甘肃，以快众愤。孛罗帖木儿等，悉与改正，复其官职。

诏书颁布之后，搠思监和朴不花仍奢望在完者忽都皇后的庇护下，在大都逗留，抹去罪责。秃坚帖木儿要求将搠思监和朴不花押送至孛罗帖木儿处法办，否则拒不退兵。妥懽帖睦尔可汗无奈之下，将二人交予秃坚帖木儿，并下诏恢复孛罗帖木儿官爵，还加封太保。搠思监和朴不花被押送至大同后，孛罗帖木儿热情地迎接二位，摆宴款待。两日之后，孛罗帖木儿亲自提审搠思监和朴不花。

孛罗帖木儿笑问搠思监道：“我前时赂汝七宝数珠一串，今何不见还？”搠思监回道：“将军息怒，吾早已忘怀此事，此刻吾便命人去取。”遂取珠串交还于孛罗帖木儿。孛罗帖木儿道：“皆非我家故物也。”搠思监道：“吾有诸多珠串，但是真品居少。吾妻贪财，想必将汝真品藏之，吾再派人取来。”几日后，孛罗帖木儿取回自己的真品珠串后，怒道：“在君侧者，贪婪如此，我何可以坐视而不清之乎？”遂将搠思监和朴不花推出斩首。

妥懽帖睦尔可汗从孛罗帖木儿兵围大都，以武力劝诫皇上之事深受启示，首先命人将皇太子爱猷识理达腊召回大都。皇太子爱猷识理达腊返回大都后，为连失两员心腹心痛不已。他故技重施，伪造圣旨，命镇守太原的扩廓帖木儿兵分三路攻打大同，征讨孛罗帖木儿。扩廓帖木儿领命后，派翼将白锁住领兵三万为东路军，守御大都；派副将貊高、竹贞领兵四万为中路军；派翼将关保领军五万为西路军合击孛罗帖木儿。

关保等兵逼大同时，孛罗帖木儿派一部分兵将留守大同，自己却亲率主力与秃坚帖木儿、老的沙一同直趋大都。待白锁住兵至大都时，孛罗帖木儿先锋军早已兵入居庸关。爱猷识理达腊急忙亲自率军至清河准备迎战。但是，爱猷识理达腊率领的将士毫无斗志，还未交战就溃散而逃。爱猷识理达腊无奈在白锁住的护卫下退回大都，于次日出顺承门由雄州（今河北省雄县）、霸州（今河北省霸州市）、河间（今河北省河间）取道，前往冀宁郡藏于扩廓帖木儿军营之中。

孛罗帖木儿驻兵于大都健德门外，于次日与秃坚帖木儿、老的沙一同至宣文阁觐见妥懽帖睦尔可汗。孛罗帖木儿奏道：“国家所用人，皆贪婪软弱，不足以济天下大事，望君臣同心竭力，整治庶政。”妥懽帖睦尔可汗激动万分，遂依照孛罗帖木儿要求，下诏封也速（月阔察儿之子）为中书右丞相、孛罗帖木儿为中书左丞相、老的沙为中书平章政事、秃坚帖木儿为御史大夫，其部属均被论级受封。

妥懽帖睦尔可汗还为消除孛罗帖木儿和扩廓帖木儿之隔阂，按孛罗帖木儿之意下诏：“孛罗帖木儿、扩廓帖木儿俱朕股肱，视同心膂，自今各弃宿忿，弼成大勋。”至正二十五年（1365 年）三月至七月，孛罗帖木儿辅佐妥懽帖睦尔可汗执政，赶走西番僧，诛杀秃鲁帖木儿（哈麻妹婿），叫停天魔舞。

皇太子爱猷识理达腊从大都逃离后，来到上都以天下兵马大元帅之名下诏，建立上都行省，封达识帖睦迩为上都行省平章政事、达礼麻识理为行省右丞，俨然如一个独立的朝廷，与大都形成对峙。爱猷识理达腊命扩廓帖木儿道：“孛罗帖木儿袭据京师，余既受命总督天下诸军，恭行显罚，少保、中书平章政事扩廓帖木儿，躬勒将士，分道进兵，诸王、驸马及陕西平章政事李思齐等，各统军马，尚其奋义戮力，克期恢复。”

孛罗帖木儿将皇太子爱猷识理达腊率军围攻大都的消息上奏于皇帝。妥懽帖睦尔可汗大为震怒，当即软禁完者忽都皇后，命爱猷识理达腊速速还京。孛罗帖木儿还遣人至上都致函达识帖睦迩、达礼麻识理等，命他备好粮草迎接御林军。上都行省右丞达礼麻识理不但抗命，还移防重兵加强上都防御，准备迎战孛罗帖木儿大军。孛罗帖木儿命秃坚帖木儿率兵围攻上都。达礼麻识理领兵守城，夜派几人焚烧秃坚帖木儿兵营，引起骚乱。达礼麻识理再从城东门突围，大战秃坚帖木儿兵马，尽数烧毁其攻城器具。秃坚帖木儿措手不及，勒兵后退。

经上都守卫战一役，达礼麻识理声名大噪，但是没过多久便猝死。据《元史》记载，一夜，怯薛官哈剌章（博尔术六世孙阿鲁图之孙）梦见成吉思汗，并对其曰：“我以勤劳取天下，以传于妥懽帖睦尔。而爱猷识理达腊不克肖似，废坏我家法，苟不即改图，天命不可保矣。尔吾功臣之后，且诚实，故召汝语，汝明旦亟以吾言告而主及爱猷识理达腊。汝不以告，吾即殛汝，告而不改，则吾它有处之。达礼麻识理其人庶几识事宜者，然知而不言，将焉用之，吾其先殛之矣。”后来，哈剌章将此梦告知妥懽帖睦尔可汗和爱猷识理达腊，此乃达礼麻识理突然暴毙之缘由。达礼麻识理，怯烈台部人，妥懽帖睦尔可汗在位时历任御史台照磨、监察御史、刑部尚书、南北兵马司巡绰事等职。

秃坚帖木儿围攻上都之际，中书右丞相也速率兵至良乡（今北京市良乡）准备阻击扩廓帖木儿军队。谁料到，也速此举实为蓄谋征讨孛罗帖木儿做准备。也速与麾下众将谋曰：“孛罗帖木儿所行狂悖，图危宗社，中外同愤。”遂遣人至太原、辽阳等地，同扩廓帖木儿、诸王及驸马取得联络，共谋将孛罗帖木儿赶出大都之事宜。扩廓帖木儿对也速的提议大为赞许，随即两军联合进攻大都。孛罗帖木儿对也速的反水大为恼怒，命爱将姚伯颜不花领精兵一万抵御也速、扩廓帖木儿联军。

姚伯颜不花兵至通州，突遇大雨，不能渡河，便临时驻营于虹桥(今北京市虹桥)。也速派兵强行渡河，突袭姚伯颜不花，将其生擒。孛罗帖木儿闻听姚伯颜不花被擒，决定亲率大军讨伐，然而兵至通州，又遇大雨三日，无奈返京。孛罗帖木儿心想智勇双全的姚伯颜不花被擒，自己亲率大军讨伐还遭大雨阻隔，真乃天不佑我。从此，郁郁寡欢，整日与老的沙把酒言欢，酗酒杀人，喜怒不测，惹得宫中大臣对他极为不满。

完者忽都皇后看出孛罗帖木儿郁闷不悦，便密遣后宫宦官司龙毅挑选十余名美女送至孛罗帖木儿府邸。完者忽都皇后的色诱奸计果然奏效。孛罗帖木儿奏请皇上解除对完者忽都皇后的软禁，将其接回兴圣宫。完者忽都皇后返回兴圣宫就对妥懽帖睦尔可汗进谗言，称孛罗帖木儿身为贵族后裔，垂涎美色，无视君王，暗中结党营私。原本就对孛罗帖木儿开始生厌的妥懽帖睦尔可汗，向威顺王宽彻普化之子和尚传密旨除掉孛罗帖木儿。

一日清晨，孛罗帖木儿骑马外出，突遇一群手持刀剑者夹道而立。正在此时，有一骑马人自前方驰来，传秃坚帖木儿将军大胜的捷报。孛罗帖木儿正准备随来使同去，平章政事失烈门道：“好消息，丞相宜奏去。”遂将孛罗帖木儿拉回。至延春阁一棵杏树旁，孛罗帖木儿的帽子被杏树树枝勾到而坠落在地。孛罗帖木儿大惊道：“咄，今日莫有事！”忽见一持刀壮汉拦于路中。孛罗帖木儿喊道：“平章，此人面生。”话音未落，持刀壮汉向其额头劈来。孛罗帖木儿右手挡刀呼道：“我带刀者何在？”此时，又来一壮汉猛然砍其左耳，紧接着出现一群壮汉将孛罗帖木儿砍于马下。

老的沙也在乱战中肩部受伤，故抢骑一匹马驰至孛罗帖木儿府中，接上其家眷向北逃去。当时，妥懽帖睦尔可汗正藏于杏园一处暗室偷瞄这一幕。他看到孛罗帖木儿被杀，老的沙逃离，随即下诏号令大都军民一起动手剿灭孛罗帖木儿余党。孛罗帖木儿麾下将士不知京城发生何事，便溃不成军，四处逃命。老的沙携孛罗帖木儿家眷逃至秃坚帖木儿兵营，然后一同移居八儿思阔湖附近。

妥懽帖睦尔可汗偏信完者忽都皇后几句谗言，陷害自己宗室之臣，绝非偶然之事，而是与一定的历史条件和妥懽帖睦尔可汗之亲身经历有着直接关系。众所周知，妥懽帖睦尔可汗在位三十七年，甚至比忽必烈薛禅可汗在位的时间还长。在位期间，他受尽权臣的压迫。初期是燕铁木儿（康里部人）和伯颜（蔑儿乞部人）两位权臣，几乎使自己的皇位不保；后期是哈麻（康里部人）和搠思监（怯烈部人）两位奸臣，使元濒临丧朝亡国。燕铁木儿、伯颜、哈麻及搠思监均为元朝功臣后裔。

燕铁木儿之祖父康里部脱脱乃海山曲律可汗在位时的中书省左丞相。其父牙牙曾跟随海山曲律可汗在阿尔泰山镇守边疆，后护送海山曲律可汗至上都即位，任平章政事、知枢密院事。伯颜祖父称海随蒙哥汗伐宋战亡，其父谨只儿乃铁穆耳完泽笃可汗在位时的怯薛官。哈麻（哈玛尔特）之母乃妥懽帖睦尔可汗弟懿璘质班之乳母，他自己是妥懽帖睦尔可汗殿中侍御史。搠思监乃蒙哥汗在位时的必阇赤长孛鲁合之后裔，其父亦怜真乃泰定帝（也孙铁木儿可汗）在位时的必阇赤兼怯薛官。

上述四人本应忠心辅佐妥懽帖睦尔可汗，匡扶元朝帝国。妥懽帖睦尔可汗万万没想到他们做尽坏事，使王朝陷入危机。尤其是搠思监之辈，勾结高丽奇皇后和朴不花图谋皇帝退位，发动宫廷政变，随后演变为军阀内争，使妥懽帖睦尔可汗无法掌控大局，处于被动之残局。正在此时，孛罗帖木儿武力劝诫妥懽帖睦尔可汗，使他幡然悔悟，但是悔之晚矣！

第十三章

奇皇后续谋皇帝内禅
扩廓帖木儿力阻离间

皇太子逃到冀宁以后，欲效仿唐肃宗即位灵武的故事而称帝，因遭扩廓帖木儿的反对而作罢，此事为他们二人后来的反目埋下了种子。在扩廓帖木儿护送皇太子自冀宁还京的途中，奇皇后企图让扩廓帖木儿拥兵挟元顺帝让位于皇太子。扩廓帖木儿知道奇皇后的意思后，欲在顺帝与太子间保持中立，于是在距大都城外三十里时就遣散军队回营。因为此事，奇皇后、皇太子母子对他心怀怨恨。元顺帝却因此下诏封扩廓帖木儿为河南王，调度天下兵马“肃清江淮”。但是，扩廓帖木儿同关中四军阀李思齐、张良弼、孔兴、脱列伯的军队展开火并，相持一年。对此，顺帝剥夺了扩廓帖木儿之兵权，下诏削扩廓帖木儿的官职和爵位，使其退守晋宁。与此同时，扩廓帖木儿部将貊高、关保背叛了他，形势对他更加不利。正在元朝内部军阀混战之际，红巾军已兵进潼关。元顺帝无奈之下，再次恢复扩廓帖木儿之官职和爵位。他欲以此举挽救其摇摇欲坠之帝朝，但是为时已晚。

皇太子爱猷识理达腊接到妥懽帖睦尔可汗命其还都的旨意后并未返回大都，反而藏身于镇守太原的扩廓帖木儿之军营。完者忽都皇后密遣宦官司龙毅至太原，效仿唐肃宗即位于灵武的故事，继续图谋内禅之事。她准备让其子即位，推尊妥懽帖睦尔可汗为太上皇。据史书记载，唐玄宗天宝十四年（755 年）十一月，安禄山、史思明发动军变，自灵武渡过黄河占领洛阳。天宝十五年 (756 年) 正月，安禄山建“燕国”称帝，后大败唐朝大将哥舒翰，破潼关逼近长安（今陕西省西安市）。同年六月，唐玄宗弃长安，西逃至四川。七月，唐玄宗之子李亨率军北趋至灵武称帝，史称唐肃宗，改年号为至德，尊唐玄宗为太上皇。

在完者忽都皇后的怂恿下，爱猷识理达腊准备步唐肃宗之后尘，在太原称帝。但正在此时，妥懽帖睦尔可汗将孛罗帖木儿人头盛于铁匣送到皇太子处，命其速速返京。爱猷识理达腊接到圣旨和孛罗帖木儿的人头，心想已经无须再逗留于太原，而且扩廓帖木儿也未支持其称帝，无奈之下决定返回京都。正所谓“不到黄河心不死”，完者忽都皇后听到其子爱猷识理达腊即将返京，心情大好，又开始谋划内禅之事。她向扩廓帖木儿致密函，令他率兵拥太子入城，胁帝内禅。扩廓帖木儿欲在皇帝与皇后间保持中立，没有按照完者忽都皇后的意思做，而是将所率大军驻扎于大都城外三十里之地，自带几名侍兵护送皇太子爱猷识理达腊进宫面圣。

因为完者忽都皇后以武力威胁皇帝内禅的美梦再次化为泡影，所以她对扩廓帖木儿心怀恨意。妥懽帖睦尔可汗却对扩廓帖木儿之所为大为欣喜，论功重赏，封其为中书左丞相、知枢密院事、东宫皇太子詹事，加太尉。至此，扩廓帖木儿代替孛罗帖木儿成为手握军朝大权的首臣，朝中已经无人能与之抗衡。但是，他的这个高高在上的地位，是以卷入皇宫内部“禅”与“立”之争的文武百官之战换来的，因此血腥味十足。扩廓帖木儿乃聪慧、精明之人，怕卷入皇宫的“禅”与“立”之争，夹在皇帝与太子中间，迟早同孛罗帖木儿一个下场。所谓“三十六计走为上计”，扩廓帖木儿上任不到两个月就辞去官职，请缨镇压农民起义而远离大都。

此时，元朝大半江山均被农民起义军占领。至正十一年（1351年）五月，韩山童、刘福通等打响了全国性农民起义的第一枪。至正十四年（1354年），丞相脱脱兴师征讨张士诚领导的农民起义。关键时刻，妥懽帖睦尔可汗偏信佞臣谗言，削去脱脱兵权。虽然当时的农民起义规模浩大，但是由于其内部分裂，无法形成抵抗元军之合力，如果元朝及时进行围剿逐一击破的话，也不会陷入如此危机之局面。但丞相脱脱之后的元朝主要大臣们只想趁乱夺利，离间皇帝与皇后、皇太子，未能集中力量统一镇压农民起义。

刘福通、张士诚领导的农民起义利用帝朝之危机，扩张其势力，占领了长江、淮河流域及四川行省大部分地区。爱猷识理达腊回京后，多次请求南下督师，剿灭刘福通、张士诚率领的起义军。妥懽帖睦尔可汗没有准奏，反而封扩廓帖木儿为河南王，统领天下兵马代皇太子南征，还诏命张良弼、孔兴等听扩廓帖木儿的调遣。

至正二十六年（1366年），扩廓帖木儿至河南，以天下兵马大元帅之名统一调度各地方军阀之兵马，欲镇压以刘福通、张士诚为首的农民起义。扩廓帖木儿幕僚孙翥道："丞相受天子命，总天下兵，肃清江、淮。兵法曰：'欲治人者，先自治。'今李思齐、张良弼、孔兴、张思道四军，坐食关中，累年不调。丞相合调四军，南去武关，与大军并力渡淮。彼若恃顽不受调，则移军征之，据有关中，四军惟丞相意所用，不亦善乎？"扩廓帖木儿欣然采纳孙翥之提议，遂命李思齐等率军南下剿灭江淮乱匪。

李思齐乃曾与扩廓帖木儿义父察罕帖木儿并肩作战的大将军，岂能受得子辈扩廓帖木儿之调遣？李思齐骂道："乳臭小儿，黄发犹未退，而反调我耶！我与汝父同乡里，汝父进酒，犹三拜然后饮，汝于我前无立地处，而今日公然称总兵调我耶？"故联合张良弼等反攻扩廓帖木儿军。扩廓帖木儿依孙翥之言，以抗命之名进兵关中，欲围攻李思齐军。双方实力相衡，相持一年，未决胜负。扩廓帖木儿收兵返回河南，驻军于彰德郡（今河南省安阳市附近）。

妥懽帖睦尔可汗见形势危急，各郡军阀相争不听皇命，便下诏命皇太子爱猷识理达腊代扩廓帖木儿总领天下兵马。其诏书写道：

元良重任，职在抚军，稽古征今，卓有成宪。曩者障塞决河，本以拯民昏垫，岂期妖盗横造讹言，簧鼓愚顽，涂炭郡邑，殆遍海内，兹逾一纪。故察罕帖木儿仗义兴师，献功敌忾，汛扫汴洛，克平青齐，为国捐躯，深可哀悼。其子扩廓帖木儿克继先志，用成骏功。爱猷识理达腊计安宗社，累请出师。朕以国本至重，讵宜轻出，遂授扩廓帖木儿总戎重寄，畀以王爵，俾代其行。李思齐、张良弼等，各怀异见，构兵不已，以致盗贼愈炽，深遗朕忧。况全齐密迩辇毂，傥失早计，恐生异图，询诸众谋，佥谓皇太子聪明仁孝，文武兼资，聿遵旧典，爰命以中书令、枢密使，悉总天下兵马，诸王、驸马、各道总兵、将吏，一应军机政务，生杀予夺，事无轻重，如出朕裁。其扩廓帖木儿，总领本部军马，自潼关以东，肃清江淮；李思齐总统本部军马，自凤翔以西，与侯伯颜达世进取川蜀；以少保秃鲁为陕西行中书省左丞相，本省驻札，总本部及张良弼、孔兴、脱列伯各枝军马，进取襄樊；王信本部军马，固守信地，别听调遣。诏书到日，汝等悉宜洗心涤虑，同济时艰。

扩廓帖木儿接取皇帝诏书后，仍驻军于彰德郡。对此，妥懽帖睦尔可汗起疑，唯恐扩廓帖木儿步孛罗帖木儿之后尘，兵逼大都。妥懽帖睦尔可汗寝食难安，拿完者忽都皇后撒气道："向者孛罗举兵犯阙，今日扩廓总兵，天下不太平，尔母子误我天下。今天下土疆分裂，坐受危困，皆汝母子所为也。"说毕，便给了完者忽都皇后几记耳光，爱猷识理达腊惊吓不已，遂偷偷遁走。因扩廓帖木儿早已立志不会走孛罗帖木儿之老路，所以没有兵逼京师，而是自潼关兵进陕西同李思齐、张良弼等展开决战。李思齐、张良弼无力抵抗，便向妥懽帖睦尔可汗求援。妥懽帖睦尔可汗下旨，令两家息兵罢攻，各率所部速剿江淮匪乱。可是，此时的圣旨犹如废纸一张，双方均拒不受命。

孙翥献计于扩廓帖木儿道："我每事功垂成，不可误听息攻之旨。且袁涣贪贿之人也，此岂其本意？可令在京赃吏，私贿其家，则袁必助我，而我事可成也。"扩廓帖木儿道："就依军师之计。"妥懽帖睦尔可汗派来的使臣袁涣收到孙翥贿赂之物，甚为喜悦，便对扩廓帖木儿曰："不除张、李，终为丞相后患。"扩廓帖木儿问孙翥道："今日果当如何？"孙翥道："关中四军，惟李思齐军最强，李思齐破，则三军不攻自服矣。今关中临阵兵将，适与彼兵等耳，所以劳师费财，相持不决，所畏者惟貊高驻兵邹县（今山东邹县）。以吾二人观之，南军必不能越王宣以侵我。且抽貊高一军，疾趋河中（今山西蒲州），自河中渡河，急趋凤翔，覆李思齐巢穴，出其不意，则渭北之军，一战可降，此唐庄宗破汴梁之策。关中定，然后出关中以敌南军，犹未晚也。”

扩廓帖木儿仔细斟酌孙翥此言，传令急调貊高之军。貊高所属部将不愿意赴山西攻打李思齐，因此行至卫辉（今河南省蓟县）密商对策。其中一位部将言道：“我为官军，扩廓为总兵，用我敌南军，犹云可也。今者却闻檄我行粮，星驰前往河中，渡河西趋凤翔。李思齐乃官军也，以官军杀官军，如何？”众将皆同意其提议，均表示不去山西攻打李思齐，并推举貊高为总兵发动军变。貊高遣人进京，陈奏扩廓帖木儿之罪状。

妥懽帖睦尔可汗得到貊高军变的消息后，以抗旨之罪削扩廓帖木儿之兵权，分别向扩廓帖木儿、李思齐、张良弼、脱列伯、孔兴等下诏，命各部率军南进肃清江淮乱匪。当时，扩廓帖木儿在洛阳，而其随从部将尽在怀庆（今河南省沁阳县和山西省垣曲市），李思齐准备迎战扩廓帖木儿，张良弼、孔兴等据守各自领地，均不听皇命。皇太子爱猷识理达腊手下大臣伯元臣、李国凤等建议道：“向日诏书令各将将本部，分道进兵，而不立大将以总之，宜其不相从也。古者，太子入则监国，出则抚军，太子何不奏主上，立大抚军院以镇之？凡指挥各将，皆宜出自抚军院，然后行使权归于一，而自内制外，庶几可为。而貊高一部，背扩廓向朝廷，此宜别作名号以旌异之，然后可也。”

爱猷识理达腊接受伯元臣、李国凤等人的建议，上奏皇帝建立大抚军院。妥懽帖睦尔可汗准奏，并于至正二十七年（1367年）八月，设大抚军院。爱猷识理达腊向各行省及郡县军阀传令，大抚军院专制天下兵马，省台部院皆受节制；大赞貊高首倡大义，赐其部将士忠义功臣名号；削扩廓帖木儿中书左丞相等官职，只保留其河南王的爵位，其所部归属白锁住，并命他御守洛阳。扩廓帖木儿未受大抚军院之命，率军退据泽州（今山西省晋城）。

爱猷识理达腊将扩廓帖木儿部将李景昌、关保封为国公，诱其汴梁郡、晋宁郡兵马尽数归属于大抚军院。至正二十八年（1368 年），爱猷识理达腊命貊高、关保、李思齐及张良弼等率军左右夹击扩廓帖木儿。貊高、关保等率军占领了扩廓帖木儿据守的卫辉（今河南省蓟县、辉县附近）、广平（今河北省邯郸市、武安市附近）及顺德（今河北省邢台市巨鹿附近）等郡。

貊高自出兵以来屡战屡胜，便骄傲自满、忘乎所以。他为建头功，在毫无准备的情况下率军围攻太原。他携侍兵巡视兵营时，被扩廓帖木儿翼将毛翌认出。毛翌果断改挂貊高旗帜，貊高未仔细端看，误入毛翌军营被其生擒。毛翌故技重施，又将关保擒住。二将被擒，所部将士皆降于扩廓帖木儿。扩廓帖木儿以迅雷不及掩耳之势返回太原，悉数诛杀爱猷识理达腊所派将士，再次占领山西、陕西两地。大抚军院总兵爱猷识理达腊见扩廓帖木儿不听调遣且势力大增，甚为不悦，调集诸路兵马攻打扩廓帖木儿。

古语有云，“鹬蚌相争，渔翁得利”。就在元朝内乱之际，江淮农民起义以星星之火燃起燎原之势席卷了整个中原，已南进占领了潼关。李思齐、张良弼及孔兴之军闻风丧胆，逃之夭夭。妥懽帖睦尔可汗经历几次风波，悔悟出除扩廓帖木儿之外，已无可用之人。他下诏撤销大抚军院，军法处死伯元臣、李国凤，恢复扩廓帖木儿之中书左丞相等官爵。妥懽帖睦尔可汗欲以此挽救其摇摇欲坠之帝朝，但是为时已晚矣！

第十四章

军阀内斗顺帝恼无措
朱元璋定江南启新元

元朝内部火并难分胜负，相持一年有余，定远土豪郭子兴领导的红巾军中出现一人，他就是葬送元朝的明太祖——朱元璋。本章主要介绍了他自加入义军反元至统一江南北进中原的历史轶事。朱元璋收到儿时伙伴汤和的来信，邀请其参加郭子兴的义军。他入伍后，作战勇敢，机智灵活，粗通文墨，很快得到郭子兴的赏识，郭子兴将养女马氏嫁给朱元璋。朱元璋见红巾军诸将争权夺利，决心依靠自己的力量开创新局面，于是回乡募兵，很快就募兵七百多人。回到濠州后，郭子兴十分高兴，提升朱元璋做镇抚。朱元璋从自己招募的新兵中挑选心腹徐达、汤和等二十四人离开濠州，南略定远并南下滁州。朱元璋有勇有谋并且手下人才济济，所以很快成了红巾军的主帅。后来，朱元璋大破元军，攻下集庆，改之为应天府。之后，他大败陈友谅、消灭张士诚、歼灭方国珍，一统江南，准备大兵北进中原。顺帝的噩梦即将降临，元朝距覆灭仅一步之遥。

扩廓帖木儿继承其父遗志，骁勇善战，奋力镇压红巾军。但是，高丽奇氏皇后发动的宫廷内禅之变，进而演变为军阀争夺领地之战。百万蒙古雄狮没有形成合力，无暇征讨红巾军起义。至正二十七年（1367年），在红巾军头目刘福通疯狂北伐时，李思齐、张良弼及脱列伯不去镇压起义军，却合力攻打扩廓帖木儿。扩廓帖木儿一怒之下，调其镇压红巾军的主力迎战李思齐联军。妥懽帖睦尔可汗在关键时刻左右摇摆，未能采取果断对策，甚至饶恕佞臣小人，自食其果，最终陷入被动，仓皇不已。

元朝内部火拼势均力敌，难分胜负，相持一年有余。正在此时，定远土豪郭子兴领导的红巾军中出现了这么个人：相貌奇特，貌似武夫，但缺乏英气；看似书生，但穿着邋遢；言他是和尚，却披头散发；说他是素人，却是僧侣装扮。他乃朱元璋，幼名重八（八月八出生），濠州钟离（今安徽省凤阳县东北）人。自幼贫苦，十七岁时父母双亡，因走投无路入皇觉寺剃度为僧。皇觉寺乃具有五百年历史的古刹，主奉弥勒佛。

至正十一年（1351年），韩山童、刘福通揭竿而起，宣称“弥勒佛降世，普度众生”，号令饥民奋起抗元。当时，有许多起义者高举弥勒佛旗帜，头裹红巾。韩山童之子韩林儿被推举为“小明王”，建立“大宋国”。刘福通领导的红巾军活动在黄河、淮河流域，被称作“北锁红军”；徐寿辉、彭莹玉领导的红巾军建立“天完国”，活动于长江中下游流域，被称作“南锁红军”。

郭子兴乃定远地区白莲教会首领，与北锁红军头目杜遵道素来交好。杜遵道派人邀约郭子兴一同起义，故郭子兴找来孙德崖等四位好友商议，结果大家均有此意，一拍即合。至正十二年(1352年)二月十七日，郭子兴聚集数千名教众信徒夜袭濠州。义军趁州官熟睡之时杀之，于次晨在城墙上悬挂红巾起义军的旗帜。这一年，朱元璋25岁。他收到儿时放牛伙伴汤和的来信，邀请他加入郭子兴的义军。朱元璋响应儿时伙伴之建议，随送信人去投奔郭子兴的红巾军。

郭子兴见到朱元璋问其名讳，朱元璋回道：“吾姓朱，幼名重八。”郭子兴见他相貌魁奇，心地善良，故留作侍卫于军中。朱元璋入伍后，精明能干，处事得当，很快得到了郭子兴的赏识。一次，朱元璋随郭子兴赴城外巡视，突遇一群官兵。朱元璋未等授命拔剑迎杀，斩杀两名军官，其余皆溃。朱元璋还将从两名军官身上搜得的财物及珍宝悉数上交于郭子兴。郭子兴甚为欢喜，回府后任命朱元璋为侍卫长。

郭子兴起初是携其次室夫人张氏、三个儿子及内弟张天佑起兵的。如今，他见朱元璋机智灵活、粗通文墨，便把养女马氏嫁给朱元璋，让其成为上门女婿，并赐名“元璋”。朱元璋没想到好事不断，高兴不已，对郭子兴忠心不二。至正十二年（1352年）八月，元军攻破徐州，芝麻李（李二）被杀，其部将赵均用、彭大率兵投奔郭子兴。当时，赵均用带来的兵力多于郭子兴一倍，赵均用还自封为王，与郭子兴争夺军权，闹得不可开交。于是，起义军被分为拥护郭子兴和拥护赵均用两派。彭大英勇善战、足智多谋且深明江湖道义，与郭子兴一见如故。赵均用乃农民出身，与孙德崖狼狈为奸。

一日，孙德崖同赵均用商议战事时进谗言道："汝吾均为布衣出身，他乃土豪阿哥老爷，谁能将我们放在眼里？"赵均用道："公可指郭大帅？"孙德崖道："然也，据传郭大帅称汝为败军之将，突围徐州时，蒙彭元帅掩护得以脱身！"赵均用乃鲁莽之人，听罢拍案而起，速宣侍兵同孙德崖一道直奔郭子兴处。恰巧遇到郭子兴骑马外出，赵均用上前一把将郭子兴拽于马下，绑架至孙德崖兵营，吓其交出兵权。此时，贾鲁奉元廷之命率兵追讨赵均用、彭大至濠州，且兵临城下。朱元璋为解燃眉之急，携郭子兴两子，软硬兼施劝说赵均用、孙德崖与郭子兴握手言和，同仇敌忾抵御贾鲁之围。

贾鲁大军围攻濠州五月之久，元朝始终不派兵来援。贾鲁见久攻不下，便收兵返回徐州。朱元璋见元军撤离，禀郭子兴道："吾兵力不及于人，被动不已，吾前去另行招募，添补行伍！"郭子兴喜道："元璋速去速回！"朱元璋离开濠州来到阔别已久的家乡——钟离县太平庄。他到村庄南面的山头，不禁回想起十年前的一桩往事。

朱元璋十几岁时就在该山头放牛。在所有放牛娃中，数朱元璋最精明、最能干。一日，他的十几个小伙伴饥肠辘辘，便让朱元璋设法充饥。当时饥民遍野，野菜、树皮等均被吃光，唯一能够充饥的就是他们所放之牛。可是这些牛均为财主家的，不能随便宰杀。朱元璋道："将我放的这头小牛煮了吃，如果财主问起，与你们无关！"大家高兴得跳了起来，七手八脚地将小牛宰杀，煮着、烤着吃了起来。太阳落山后，小伙伴们各自回家。朱元璋把牛骨和牛皮埋到土中，把牛尾巴塞进一山缝并刻意露出一个尾巴尖。他回去后对财主说："那头牛不知怎么搞的，钻进山缝里去了，怎么赶也赶不出来。"财主不肯相信，非要亲自去看个究竟不可。财主来到山坡，果然看见有条牛尾巴露在山缝外面。但是，财主也看到了朱元璋“毁灭证据”时不小心留下的炭灰和堆土。“查明真相”的财主将朱元璋拳打脚踢，一顿狂揍。从此以后，朱元璋在伙伴当中的威信越来越高，被称为“仗义大侠”。

朱元璋边走边回忆，来到太平庄，便在村口张贴了募兵文告。他儿时的伙伴携带好友亲属争先恐后前来报名，他很快就募兵七百多人。其中，不仅有徐达、周德兴等朱元璋之儿时伙伴，而且还有吴良、花云、耿再成、陆仲亨、郭英等贤能之士。朱元璋从报名的七百人中挑选24位封为军士长，然后返回濠州交于郭子兴。朱元璋决心组建自己的军队，开创新局面。他携带心腹徐达、汤和等24人离开濠州，南去定远继续招募兵马。定远乃郭子兴的故里，因此前来报名的人络绎不绝。为保卫家乡而被组织起来的“义军”不到几个月便达到两万余众。

冯国用、冯国胜兄弟二人乃定远大文豪。他俩见朱元璋心存大志、深谋远虑便前来投靠，在其军营拜见。朱元璋自觉读书甚少，所以好招揽儒家贤士，虚心问教。他设宴款待兄弟二人，询问平定天下的大计。冯国用答道：“成大事，必先择牢固之根，方可进退两宜，再图平定！”朱元璋点头称是道：“依先生所见，何地为妥？”冯国用回道：“大江以南，金陵为最，龙蟠虎踞，向属帝王都会，公既率师南略，请先拔金陵定鼎，然后命将四出，救民水火，倡行仁义，勿贪子女玉帛，天下归心，何难平定？”

朱元璋遵照冯国用之言率军南下，途中遇到李善长来附。朱元璋欢喜之余考问道：“今时之乱，何时方休？”李善长轻抚胡须，从容道：“从前暴秦不道，海内纷争，汉高崛起布衣，豁达大度，知人善任，不嗜杀人，五载即成帝业。今元纲既紊，天下崩裂，与秦末相同，公系濠产，距沛不远，山川王气，锺毓公身，若能效汉高所为，亦当手定中原，难道古今人必不相及么？”朱元璋称赞他言之有理，对他尊敬有加。

至正十四年（1354年）七月，朱元璋攻下滁州（今安徽省滁县）站稳脚跟，扩充其兵马。朱元璋之亲侄儿朱文正、姐夫李贞带着外甥保儿（后取名李文忠）前来投靠。朱元璋在定远时，从大街拾到一孤儿，名叫沐英，将其收养。朱文正、李文忠、沐英同为十四岁，活泼好学，故深得朱元璋疼爱。郭子兴在濠州深受赵均用、孙德崖等人的排挤，朱元璋攻下滁州城不多久，郭子兴也来到滁州。朱元璋念及往日恩德，立即向郭子兴交出所有兵权。

至正十五年（1355年）二月，刘福通自视为红巾军元勋，以“小明王”名义下达命令，收编各地红巾军纳入“大宋国”政权统辖之下，并建立地方政权。郭子兴起初，是受杜遵道之邀举事的，实际上属于刘福通之部，因此，表示受命，同时告知了当时攻打和州（今安徽省和县）的朱元璋。至正十五年三月，郭子兴突然病逝，朱元璋从和州返回奔丧。张天佑至亳州，告知郭子兴之死讯。遂小明王韩林儿任命郭子兴的次子郭天叙为都元帅，妻弟张天佑为右副元帅，朱元璋为左副元帅。郭天叙乃才疏学浅、愚昧无能之辈。张天佑更是大字不识、一介粗俗莽汉，所以，朱元璋很快成了这支队伍的主帅。

朱元璋由滁州攻打和州时，胡大海、常遇春、邓愈等人纷纷率部来附。至此，朱元璋势力大增，故想起李善长之言，欲做第二个汉高祖。正在此时，巢湖地区的红巾军头领俞廷玉携千余只船和十万余水兵来投。恰逢雨季，洪水泛滥，正是水战良机。朱元璋为了不失良机，命巢湖水军进军长江东安的采石（今安徽省马鞍山市）和太平（今安徽省当涂县），准备攻占集庆（今江苏省南京市）。太平守将乃元朝中丞蛮子海牙，他派重兵把守采石矶，日夜不离。朱元璋采取迂回之术，从采石矶上方强渡长江包围太平，太平守臣靳义战死。朱元璋渡长江攻克太平之后，整肃军纪，继续进攻集庆。

蛮子海牙率三万兵马，分水路和陆路阻击朱元璋之军。元朝大将陈野先率领陆路军兵往太平途中遭遇徐达、邓愈伏击，四处溃散。蛮子海牙亲率水路军兵往采石矶时，只见江边朱元璋的军旗招展，甚是威武，其领将为常遇春。蛮子海牙刚要下令攻打常遇春时，忽然传来陈野先遇伏击战败的消息。蛮子海牙曾几次上奏朝廷增派援兵均未果，无奈鸣金收兵，退至集庆城。

集庆守臣乃御使大夫福寿，他奉妥懽帖睦尔可汗之命负责江南军机。因福寿集中兵力御守集庆城，朱元璋起义军未遇力阻，于九月初逼近集庆。福寿早有防备，派骑兵剿灭朱元璋之先锋军，其先锋大将被杀。朱元璋亲率六万大军将集庆城围得水泄不通。福寿几次突围均失败，使得军心不稳，城中百姓乱成一锅粥。蛮子海牙道："城中大乱，军心不稳，大夫速逃，末将来抵！"福寿却回道："臣乃受命来守集庆，焉可弃城而逃？"

深夜，红巾军从城墙下方挖隧道，攻入城中，烟火四起。蛮子海牙拜别福寿至城门时，起义军已经如潮水般涌入城中。蛮子海牙拔剑砍杀敌军领将，不料背后飞来一支冷箭穿胸而过，蛮子海牙英勇就义。众将士皆溃，唯独福寿坐镇凤凰台，指挥督战。侍卫劝其撤离，福寿道："吾为国家重臣，城存则生，城破则死，尚安往哉！"不久，起义军四方压来将福寿杀死。后来，妥懽帖睦尔可汗记其效忠朝廷之功，追封福寿为金紫光禄大夫、江浙行省左丞相、卫国公，谥忠肃。

朱元璋进城后，下令安抚百姓，改集庆为应天府。后命徐达、邓愈等率军攻占镇江、广德、江阴、常熟、宁国、扬州、池州、徽州等地，建立以应天府为中心，连接江北处州、和州的根据地。朱元璋深知"马背上可得天下，不能马背上治天下"的道理。他建立以应天府为中心的根据地后，广揽江南儒士，加以重用。

朱升乃徽州休宁县人，元末进士。朱元璋占领徽州后，经大将邓愈引见，登门拜访朱升，求教时局大计。朱升呈交朱元璋"高筑墙，广积粮，缓称王"的计策。朱元璋采纳了朱升的建议，将韩林儿推在前面，高举"大宋国"的旗帜，巧妙地躲避了元军攻击。

刘基，字伯温，浙江青田人，元末进士，曾任江西高安县丞、江浙儒副提举兼行省考试官。刘基见天下大乱，弃官还乡（金华），隐居深山。朱元璋赏识刘基之才能，便遣人邀请至应天府，问其针对当前形势的作战方略。刘基道："明公据有金陵，甚得地势，但东南有张士诚，西北有陈友谅，屡为公患。为明公计，必须扫除二寇，方可北定中原。御敌当权缓急，用兵贵有次序，张士诚一自守虏，尚不足虑，陈友谅劫主称兵，地据上游，无日忘金陵，应先用全力，除了此害。陈氏灭，张氏势孤，一举可定。然后北向中原，造成王业，明公曾亦设此想么?"见朱元璋兴致勃勃地听其分析，刘基继续道："小明王同元军厮杀至双方筋疲力尽时，趁机以精锐战疲军，得天下犹如囊中取物也!"朱元璋十分欣喜，拍手称赞道："伯温先生真乃吾之孔明。"

果不出刘伯温所言，至正二十三年（1363 年），陈友谅率六十万大军进攻洪都（今江西省南昌市）。朱元璋率领二十万大军在鄱阳湖与其展开决战，陈友谅被乱箭射死。陈友谅之子陈理携大将张定边率余部逃至武昌。次年，朱元璋亲自率兵围攻武昌，陈理、张定边出降，"汉"亡。至正二十六年（1366 年）十二月，朱元璋派廖永忠去滁州接小明王韩林儿，在到应天府（今江苏南京）途中的瓜洲（今江苏省六和）处渡江时，廖永忠悄悄将船底凿漏，小明王沉于江底。至正二十七年（1367 年）九月，徐达、常遇春受朱元璋之命攻入平江城，生擒张士诚。张士诚在被押往应天府的途中自杀。

至此，元末红巾起义军基本上尽数被朱元璋掌控，只剩下活动于浙东、福建沿海地区的方国珍余部。朱元璋命汤和、朱亮祖征讨方国珍并劝其归降。方国珍无力抵抗，最终投降。从此，长江以南的红巾军被朱元璋尽收麾下。元廷曾派户部尚书张昶至江东，准备招降朱元璋并欲封其为江西平章政事。朱元璋慷慨陈述元朝弊政，表示难以共事。张昶深感钦佩，留在朱元璋军营，向其通报元朝的内政及局势，劝他速出兵伐之。

朱元璋一统江南江北，自封吴国公，势力大增，羽翼已丰满。他从元朝大臣张昶口中探得元朝内政详情，暗中笃定北伐时机已到。于是，至正二十七年（1367 年）十月，朱元璋命徐达为“征虏大将军”、常遇春为副将军，率兵 25 万北进中原。

第十五章

朱元璋北伐欲驱蒙古
顺帝携玉玺撤离大都

1368 年，朱元璋于南京称帝，国号大明。他命徐达为征虏大将军，常遇春为征虏副将军，率 25 万大军出师北伐。当时北方元朝军事力量已经被大大削弱，徐达、常遇春出师三个多月即平定山东。经塔儿湾大捷，占领了河南和潼关。各路大军沿运河直达天津，进占通州进逼大都。元顺帝带领三宫后妃、皇太子等开健德门逃出大都，经居庸关逃奔上都，后又弃城而走，全部逃往蒙古草原。徐达、常遇春一举攻占大都，改为北平府。稍事休整即又挥军西进，与精锐的扩廓帖木儿军进行了艰苦的搏战，攻下了山西。再进攻陕西，元将李思齐由凤翔奔临洮，力竭投降。元顺帝乘明军主力长驱秦晋之机，命丞相也速率军向北平反扑，兵锋已抵通州。顺帝经这两次败仗，收回了迅速收复大都的迫切想法，决心安居大漠。元朝在中原九十八年的统治结束，明朝取得了在长城以内地区的统治权。

俗话说，“山雨欲来风满楼”，任何事情发生之前必然出现征兆。至正二十三年（1363 年）飞来一群野鸽，筑巢于供弘吉剌部皇后居住的兴圣宫殿檐下，赶也赶不走。伯颜忽都皇后死后，自奇皇后搬进兴圣宫之日起，这群野鸽便飞来筑巢。有人言，此乃宗法败乱、大都灭亡之凶兆。

朱元璋平定江南后，论功行赏，封李善长为宣国公、大将军徐达为信国公、副将军常遇春为鄂国公，其他将领也受封领赏。李善长携文武百官劝朱元璋登基为帝，朱元璋几番推辞后，于至正二十八年（1368 年）正月初一在应天府称帝，国号“大明”，年号“洪武”，时年 41 岁。

朱元璋称帝前，命徐达为北伐大将军、常遇春为副将军，率 25 万大军北进中原，攻占大都。朱元璋北伐之战略是先取山东、河南，占领各州县后再进兵大都。山东乃大都的屏障，因此占领山东就能使大都陷入危机。河南乃众兵家必争之地，元军主力均从此地开始剿灭红巾军。因此，攻取山东、河南之后，大都便势孤援绝，能不战而取。朱元璋北伐军的政治原则是不仅要攻占州县，更重要的是安抚当地百姓，使他们安居乐业，因此严明法纪，严禁杀人越货、烧毁民居、损坏庄稼、强抢民女，还规定要收养遗孤。朱元璋制定的这些战略和原则均为契合时机的正确策略，深得北方百姓的民心，北伐军的捷报频传至应天府，不绝于耳。

朱元璋的北伐之战，意义重大。纵观中国历史，以北方游牧民族南征之战居多，而南方耕种民族北伐之战实属首例。为了将该意义深远之战推向巅峰，徐达、常遇春积极贯彻朱元璋制定的策略，于至正二十七年（1367 年）十月北进中原，年末占领山东全境。次年正月，徐达、常遇春兵分两路兵进河南。妥懽帖睦尔可汗得到朱元璋派兵北伐的消息后，诏命扩廓帖木儿统领天下兵马前往河南。

李思齐是与扩廓帖木儿之父察罕帖木儿一同建立义军镇压红巾起义军的人，因此他自恃功高，不受扩廓帖木儿之调遣，反而怂恿张良弼共同反抗扩廓帖木儿。在扩廓帖木儿眼中，红巾军乃一群乌合之众，故扩廓帖木儿将御守山东、河南之任交于胞弟脱因帖木儿，自己却率主力与李思齐交战。脱因帖木儿乃元朝军官里比较杰出的将领，但是在身经百战、老谋深算的徐达、常遇春前面，简直就是一个毛头小孩！三月，徐达攻破汴梁；四月，常遇春占领洛阳。

镇守河南的梁王阿鲁温准确地分析战事，集中五万兵力在洛水河北岸布阵，阻击红巾军北进。徐达之军抵达洛水河，观察到元军利用河岸天险严阵以待，准备迎击。常遇春带领一支兵马，乘船渡河直趋洛水河北岸，遭遇顽强抵抗，折兵而返。徐达对常遇春言道："守河敌军防御充备，实难正面攻取，智取为妥！"常遇春道："敌军主力阻吾军渡河。遣两股先锋至河上下游，夜袭敌军后方为上！"徐达用常遇春之计，挑选出两支精兵，趁夜偷渡洛水河上下游，从阿鲁温军队后方突袭。阿鲁温只顾正面来敌，未料到后方遭袭，故左右摇旗统兵作战，阵脚大乱。正当此时，击鼓呐喊声震耳欲聋，常遇春由河南岸率兵攻向河北岸。阿鲁温顿时三面受敌，其五万兵马损失一半，溃散一半。他携十余个侍兵突围厮杀，身受重伤，最终被俘。

当时，李思齐、张良弼正好率兵驻守潼关，闻听徐达之军兵入河南，立派麾下两员大将御守潼关，自己则逃往四川。李思齐、张良弼至凤翔途中遇常遇春伏兵，大败，西逃至临洮，然均被生擒。阿鲁温在无援兵的情况下，在洛水河岸抵御徐达之北伐军，为妥懽帖睦尔可汗撤出大都北去争得了宝贵的时间。

徐达、常遇春之北伐军经洛水河一役，势如破竹，轻而易举地拿下了河南各个州县。沿大运河破长鹿（今河北省沧州市）、直沽（今天津市），进占通州。通州守将也随、知枢密院事卜颜帖木儿奋起抵抗，因双方实力悬殊，也随、卜颜帖木儿双双阵亡，剩余将士逃回大都。徐达、常遇春没有乘胜追击直趋大都，而是仔细侦察大都城防部署，预算突发情况，准备对策。元朝政治中心大都城不仅防御坚固，而且储备大批粮食，足可以供给一年之久。再加上在距大都不远的太原，扩廓帖木儿拥兵十五万，虎视眈眈，随时可以来援。徐达、常遇春视情做出战略调整，准备以极少兵力围攻大都，用其主力阻击歼灭各处援兵。他们于八月二日包围大都，但此时妥懽帖睦尔可汗已撤离大都抵达上都。

话说妥懽帖睦尔可汗闻听徐达、常遇春兵围通州，于是召集后宫嫔妃、皇太子及皇室子弟至清宁殿，做出了避兵北行的决定，遂命他们速速收拾行囊。之后，宣众臣至清宁殿，诏谕撤出大都，移往上都。清宁殿内一片哗然，顿时大乱。知枢密院事哈剌章奏道："贼已陷通州，若车贺一出都城，立不可保，金宣宗南奔之事可为殷鉴，请死守以待援兵。"妥懽帖睦尔可汗道："也随、卜颜帖木儿已战死，扩廓帖木儿远在太原，何援兵之可待也。"宦官赵伯颜不花哭道："天下是世祖的天下，陛下当以死守，奈何轻去？臣等愿募集兵民，出城拒战。"

妥懽帖睦尔可汗道："孛罗、扩廓，屡次构乱，京中守备，空虚已久，如何可守？"伯颜不花道："不死守大都，让敌人轻易占去，世祖不佑也！"顺帝怒道："今日岂可复作徽、钦？朕志已决，毋庸多言！"

妥懽帖睦尔可汗诏命中书左丞相失列门、太常礼仪院使阿鲁浑曰："奉太庙列室神主与皇太子同北行。"失列门、阿鲁浑受命来到太庙，同署令王嗣宗、太祝哈剌不华收拾列祖列宗牌位完毕后，出发北去。妥懽帖睦尔可汗还诏命淮王帖木儿不花（忽必烈薛禅可汗之孙，当时已年过七旬）监国，封庆童（康里部人，明里帖木儿之孙）为中书左丞相，一同留守京城。妥懽帖睦尔可汗于当夜（至正二十八年闰七月二十八日）三更时分，怀揣传国玉玺，携皇太子爱猷识理达腊、完者忽都皇后、皇室子弟及部分诸王大臣，在骑兵护送下打开健德门北去，经古北口直奔上都。随帝出走的大臣有：右丞相定住、左丞相失列门、平章政事臧家奴、御使大夫哈海、翰林学士承旨李百家奴、知枢密院事哈剌章、知枢密院事王宏远等百余人。

至正二十八年（1368年）八月二日，徐达亲率大兵进攻大都。徐达怀疑城中有伏兵，便至齐化门命将士充填战壕，登城墙而入。监国淮王帖木儿不花、左丞相庆童、平章政事迭儿必失、朴赛不花、右丞张康伯、御史中丞满川等领几千精兵迎战。城中百姓也拿石头、棍棒与入城的兵士展开搏斗。徐达登城墙放眼望见大都城内兵民混战，暗思此时若扩廓帖木儿之军来援，对己方尤为不利，便命令麾下副将从四面围攻大都。

虽然帖木儿不花、庆童等均已年迈，不能持久作战，但是他们见到蜂拥而入的徐达之兵，便身披各自的战甲上马迎敌。大都路总管郭允中和左翼中丞定敬可也来回厮杀于敌军之中。徐达立于城墙，看见一白须老翁和一骑乘战马的老朽犹如虎入羊群般战杀于阵中，惊讶不已。徐达剑指此二人问道："此二位老将为何人？"李文忠回道："据说乃监国帖木儿不花和左丞相庆童。待我领兵擒之！"徐达道："元廷中竟有如此骁勇之人，设法招降之！”李文忠领命后领五百精兵奔向此二人。

正当此时，帖木儿不花中暗箭摔于马下，郭允中欲下马救起，却已遭敌军围战。郭允中杀出一条血路，抵达帖木儿不花处时，帖木儿不花失血过多，早已断气。郭允中呐喊一声“淮王！”便用剑自刎，应声倒下。左丞相庆童、迭儿必失、朴赛不花御战由齐华门拥入的敌军时，遭遇李文忠带领的五百精兵，一阵厮杀后均英勇战死，以身殉国。大都守兵和百姓从日出奋战至日落，帖木儿不花、庆童、迭儿必失、朴赛不花、定敬可、张康伯、满川等均战死沙场，大都失守。徐达攻入城内，擒获宣让王、镇南王及威顺王子六人，没收其诸王印章及图籍档案。他还下令封存官府仓库及皇宫宝物，让侍兵把守，不准侵人。

妥懽帖睦尔可汗退守上都后，于大安阁召集文武百官举行朝会，谋划收复大都之大计。在朝会上妥懽帖睦尔可汗所言内容大概为：“众卿这几日多有疲惫，劳心劳力。朕撤出大都意义深远，后人自有评论，朕多言无益。如今我们的兵力为：扩廓帖木儿率十五万大军占据山西、甘肃；丞相纳哈出（木华黎后裔，辽阳行省丞相）手握二十万大军镇守辽东；云南有梁王把匝剌瓦尔密的十几万军队；高丽乃我藩属国，也可出兵援助。朱葛虽然占领大都，实数乌鸦用针刺自己的喉咙之举。诸位共商大义，早日收复大都，光宗耀祖！”

妥懽帖睦尔可汗此番慷慨陈词，就像给群臣打了一剂强心针，使他们志气大增，感到心胸豁然开阔，身心振奋。朝会后，妥懽帖睦尔可汗诏封扩廓帖木儿为天下兵马大元帅，统揽兵权，还遣使通知辽东的纳哈出和云南的把匝剌瓦尔密。

徐达、常遇春占领大都后，将主力兵分两路，试图围剿歼灭扩廓帖木儿之军。常遇春率主力十万人南下保定，作为取山西的北路军。徐达的部队则在彰德一带，为南路军。但是，汤和立功心切，未经徐达许可率南路先锋军直接攻占泽州，大言不惭地说不日攻下山西。扩廓帖木儿在山西韩店设伏，趁机夜袭孤军冒进的汤和部，使其惨败而逃。妥懽帖睦尔可汗喜得捷报，命扩廓帖木儿限期收复大都。

扩廓帖木儿细心筹划收复大都，集合主力，北出雁门关，向大都进发。扩廓帖木儿的计划为，如果徐达不兵援大都，就收复大都迎帝入京；如果徐达来援，则以锐兵歼灭疲兵，收复大都。扩廓帖木儿的计划可以说是天衣无缝，无论徐达来援与否，收复大都乃势在必得。万没想到，徐达却选择了扩廓帖木儿始料未及的第三条路，结果使其措手不及。徐达闻听扩廓帖木儿进攻大都，便同众将商议道："此次王保保全师远出，太原必虚，我军如乘他不备，直抵太原，倾他巢穴，他进无可战，退无可依，在兵法上，所谓批亢捣虚的计策，就使他还救太原，已是不及，那时进退失利，必为我所擒了。"

于是徐达将御守大都之任交于翼将，自己则亲率精兵进军太原。太原乃扩廓帖木儿之军事基地，若失此地他将无法立足。扩廓帖木儿率军行至保安州（今河北省新保安镇），听说徐达率军攻打太原后，慌忙回救太原。徐达之军驻营于距太原五十里的地方。扩廓帖木儿之军日夜兼程赶到太原城外遭遇徐达之军，激战几日未分胜负，分别收兵，安营扎寨。

扩廓帖木儿之军在太原城西依山扎营，准备军粮、柴火，忙东忙西。徐达翼将郭英汇兵于常遇春之军，登高望远看到扩廓帖木儿军防备松懈，安逸至极，便报常遇春道："彼兵多而不整，营大而无备，请夜劫之。"常遇春表示可行，即报徐达道："我骑兵虽集，而步兵未至，何以能战？莫若遣精兵夜劫其营，其众可乱，众乱，主帅可缚也。"徐达同意常遇春等的建议。

扩廓帖木儿部将豁鼻马因怠慢战事受到责骂，故怀恨在心，偷偷派人向徐达表示归降之意，称愿做内应。徐达大悦，准备夜袭扩廓帖木儿军营。夜深时分，徐达命50名骑兵手持火把埋伏于城东高地。郭英带领十余名骑兵直接杀进扩廓帖木儿军营中，高举火把，炮声震天。

此时，城东伏兵也高举火把袭来，与闯入军营的兵马相呼应，炮声、厮杀声响作一团。扩廓帖木儿之兵不知发生何事，与来敌仓皇迎战。

扩廓帖木儿当晚正在军帐燃烛品读兵书，忽然听见两军的厮杀声、刀剑摩擦声，喊杀连天，乱作一团，便急忙赤脚奔出帐外查看。他刚一出帐，就见到豁鼻马带兵迎面杀来。扩廓帖木儿料知情况不妙，故绕到其军帐后面，匆忙跨上一匹劣马，往西北方向逃去。扩廓帖木儿之十万兵马顿时变成了无头苍蝇，损兵四万，其余溃散而空。常遇春虽然领兵追击扩廓帖木儿，但是因为夜色已深，未能赶上。于是，他领兵返回，攻破太原，攻占了山西各州县。

徐达待整肃兵马后，进发陕西。当时，陕西由李思齐、张良弼等镇守。闻听徐达挥师袭来，李思齐逃至临洮遇伏击，力竭投降。张良弼先降后叛，虽固守于庆阳，但遭遇徐达之猛攻，被全歼。至此，山西、陕西均落入明军之手。

妥懽帖睦尔可汗闻听扩廓帖木儿在太原之战大败的消息，诏命右丞相也速率兵收复大都，还命孔兴、脱列伯率其部由大同出发，兵援也速之军。也速率一万余骑兵驻军白河（今北京市潮白河），计划进逼通州再攻占大都。当时，明军大将曹良臣惧怕，未与也速之军正面对战，而是设下疑兵计。曹良臣沿河插上红旗，停泊船只，绵延三十余里，敲鼓相应，故作耀武扬威之势，提振士气。也速果然上当，率军遁去。也速当年讨伐孛罗帖木儿的勇猛气势不知跑到哪里去了，竟然被明军守兵的障眼法所蒙骗，面对外强中干、不足千人的明军居然不战而退！孔兴、脱列伯之援军自大同出发还未至大都，就被明军伏击，全军覆没。

妥懽帖睦尔可汗经这两次战败，尤其是扩廓帖木儿大军之战败，吸取教训，收回了迅速收复大都的迫切想法。于是，他决心安居大漠，发扬祖业。但是，往往天不遂人愿，至正二十九年（1369 年）六月，朱元璋诏命常遇春、李文忠率步兵八万、骑兵一万，进攻上都。欲知详情，且看下章分解！

第十六章

扩廓帖木儿名垂忠勇
妥懽帖睦尔叹吟哀歌

元军连战连败，元顺帝再弃上都奔应昌，其间许多大臣进谏速奔和林，但由于阿鲁辉帖木儿事件的阴影，顺帝都没采纳。明军攻克上都后，大明骁将常遇春暴病卒于军中。经“沈儿峪之战”，明军彻底击败了元军的残余主力。丧失帝朝的元顺帝病重，由皇太子爱猷识理达腊总军国诸事。哀叹、懊悔之余，元顺帝留下了他那著名的《哀歌》。元顺帝因痢疾驾崩于应昌，享年五十一岁，死后庙号惠宗。明太祖朱元璋以其“知顺天命，退避而去”，给予“顺帝”的尊号。皇太子爱猷识理达腊在应昌继承皇位，为元昭宗。明将李文忠奇袭应昌，元昭宗率十余骑突围，出奔和林。昭宗北奔与扩廓帖木儿汇合后，痛定思痛，力图恢复中原、中兴元朝。明朝虽然派兵想将“北元”扼杀在摇篮中，但是在元朝名将扩廓帖木儿的誓死保卫下未能如愿。从此形成了北元与明朝对峙三百年的政治格局，中国历史上再一次出现了南北割据对立的时代。

常遇春、李文忠率步兵八万、骑兵一万，自凤翔出发驱兵北进至锦州。元朝锦州守将江文清虽全力阻击，但面对常遇春的突袭，他们很快进入被动状态，锦州被攻陷。紧接着全宁［今内蒙古自治区翁牛特旗宝日浩特（紫城之意），由按答儿秃之弟蛮子台于元贞元年（1295 年）所建］沦陷，大兴州被围，上都守兵总管也速丞相和脱火赤丞相均被俘。妥懽帖睦尔可汗本以为能防御 20 年之久的上都城之牢固防线，竟在常遇春闪电突袭战面前瞬间被夷为豆腐渣。短短一个月的时间，明军已兵临上都城下。

妥懽帖睦尔可汗得到明军逼近上都的消息后，立刻携后宫嫔妃、太子及皇子们离开上都，当天到达应昌［于至正七年（1270 年）由按答儿秃所建，蒙古语称“巴日思浩特”（虎城之意）］。诸王庆生及平章政事定住率领万余名蒙古骑兵，迎战常遇春之军于上都城外。由于双方实力悬殊，再加上后援被断，庆生、定住战死沙场，上都被明军占领。明军进入上都城后，抢劫财物，烧毁宫殿。他们掠得车万辆、马三千匹、牛五万头，随即南还。

被誉为“大明骁将”的常遇春，势如破竹攻克上都，满载而归。途中至柳河州，竟暴疾不治而亡。李文忠代替常遇春，领兵追击妥懽帖睦尔可汗十余日。但是，他未敢进犯应昌，反而从应昌西南绕道而行，直奔南京。

此时，徐达之军占领关中，翼将张温兵围兰州。扩廓帖木儿也从太原逃至甘肃，整军练兵，暗中观察徐达之军的动向。他吸取前两次兵败之教训，按兵不动，静待良机。忽见张温攻占兰州，暗笑道：“此乃天赐良机。”扩廓帖木儿心想：“朱葛（指朱元璋）老贼若要平定西北，必固守兰州。张温这支孤军显然不能担当此任，这样一来徐达必派兵来援。该轮到我以锐兵歼灭疲兵的时候了。”于是，他一面派兵包围兰州，一面派兵伏于地势险峻之地，准备伏击徐达之援兵。果然不出扩廓帖木儿所料，徐达派翼将于光率领三万兵马来援兰州。

张温听闻来援兰州的兵马被扩廓帖木儿军全歼，立率三千人突围，逃出兰州。此举虽然打乱了扩廓帖木儿的计划，但他仍然照计行事，坐等“以锐兵歼灭疲兵”。扩廓帖木儿的军事行动引起了朱元璋的关注，朱元璋于洪武三年（1370 年）正月初三集众臣召开军事朝会，制定进攻扩廓帖木儿军的方略：封徐达为征北大将军，李文忠、邓愈为左翼副将军，冯胜、汤和为右翼副将军；命大将军徐达自潼关经西安救兰州，伺机在定西歼灭扩廓帖木儿，左副将军李文忠出居庸关直捣应昌。与此同时，朱元璋还派遣两路兵马攻打山西及河北北部的元军来分散扩廓帖木儿的精力，以此协助其主力。扩廓帖木儿对明军制定的进攻方略没有及时进行分析和应对，仍然固守定西，准备围歼明军之援兵。

至正三十年（1370 年）二月，朱元璋派遣的四路兵马同时北进。扩廓帖木儿于该月二十五日才得知此信。此时，李文忠之军已过居庸关前往应昌，徐达率四十万兵马至定西包围扩廓帖木儿之军。徐达虽然兵围扩廓帖木儿之军，但没有即刻进兵，而是伐树造屋，立栅筑栏，貌似要长久作战。扩廓帖木儿早已看出徐达之奸计，暗道："徐达真乃精通兵术，难道识破了我诱敌深入，伺机突袭的计谋？"故对徐达之军不予理会。徐达命其兵马驻营后，还派少数兵马袭扰扩廓帖木儿兵营。

扩廓帖木儿登高望向徐达兵营，观察到其士兵们杀猪备饭，搭台唱戏，好不热闹。徐达之军每晚燃放爆竹，敲鼓唱戏，嬉戏喧闹之余还派小股兵力袭扰扩廓帖木儿兵营，如此之况持续了一月有余。扩廓帖木儿之将士实难忍受，故请求出营大战。扩廓帖木儿暗思："长此下去，就说军心不涣散，也将自取溃散。趁众将士势高气昂，同徐达之军一决雌雄！"遂命一千精兵突袭徐达兵营。明军毫无准备，顿时大乱。左翼副将邓愈不知所为，仓皇至极，至徐达帐前讨问应对之策。徐达乃千锤百炼、身经百战的老练统帅，故不慌不忙地在其帅帐内侧耳伏听。从将士们的厮杀声中，徐达便轻易地判断出此乃小股兵马突袭。徐达道："邓将军速速回营，点齐兵马随我与扩廓帖木儿决一死战！"说毕，徐达披上铠甲，踏出军帐，上马挥剑。他命道："冲向扩廓帖木儿军营！"明军见到徐达大将军的令旗，顿时士气猛增，在邓愈的率领下挥刀弄剑，冲向扩廓帖木儿兵营。

扩廓帖木儿本想以小股兵力突袭徐达兵营，未准备大举进攻，其麾下将士欲趁明军偃旗息鼓、鸦雀无声之际稍事休息，便昏昏欲睡。忽然，炮声作响，战鼓雷鸣，喊杀震天。从睡梦中惊醒的扩廓帖木儿之将士，还未来得及拿上兵器就倒在了明军的枪剑之下，扩廓帖木儿之十万大军折损过半。扩廓帖木儿料知形势不妙，便急奔出营，携妻儿跨马北逃，渡过黄河直奔哈拉和林。明军歼灭扩廓帖木儿之八万四千余兵，俘获了郯王彻彻秃（蒙哥汗之孙）、济王朵列纳（成吉思汗弟哈赤温后裔，按赤台之孙）及元朝官吏一千九百余人。此次战役，蒙古史称“沈儿峪之战”。

话说，妥懽帖睦尔可汗自上都逃至应昌，食不知味，夜不能寐，如有千斤重石压在心间。三十几年的皇帝生涯，往事历历在目。想起权臣相争、谋朝篡位、害国害民的黑暗时期，犹如戏剧再现；想起为了延年益寿、防止暴毙、迷恋密宗之昏庸之举，哭笑不得；想起使一代忠臣脱脱丞相含冤而死，偏信哈麻、搠思监之谗言，朝政陷危之丑事，羞愧难当；想起未能继承和发扬圣祖伟业，反而失去金碧辉煌的大都和古君避暑之地上都，逃至应昌（鹿城），落魄得就像一只举目无亲的孤鹿，懊悔万分。想起这些，妥懽帖睦尔可汗不禁泪如雨下，洒满衣襟。

完者忽都皇后从旁哭道：“皇上保重龙体，丧朝，失大都上都均乃臣妾之大过。臣妾过度贪权，唆使、怂恿太子遽谋内禅，离间扩廓帖木儿与孛罗帖木儿互斗以致未能及时镇压红巾叛乱，不可饶恕也！”爱猷识理达腊也安抚其父道：“父皇毋庸焦虑，儿臣即日遣使命镇守辽东的纳哈出将军于山海关外迎战；命镇守云南的梁王把匝剌瓦尔密（忽必烈薛禅可汗第五子忽哥赤后裔）北征。效仿忽必烈薛禅可汗大将兀良合歹，收复大都！”完者忽都皇后接道：“也可诏函高丽王出兵增援。”妥懽帖睦尔可汗端坐龙椅道：“扩廓帖木儿于太原兵败退驻甘肃，诏他重整兵马东来！”

入夏时节，大地尤暖，青草黄花满山坡，生机勃勃。妥懽帖睦尔可汗起得很早，穿袍戴冠后携完者忽都皇后及太子爱猷识理达腊登上达尔罕山，遥望东方。只见金日霞光照耀整个河谷，鸟语花香，牛羊遍地。达尔罕山山背的达赉湖水浪花迭起，轻轻拍打着岸石。达尔罕山崇山峻岭傲然挺立，犹如镇守天门的骁勇善将，甚是威武。妥懽帖睦尔可汗心想：“一百五十年前圣祖成吉思汗占领金国中都时曾在此处练兵南进，此处也是忽必烈薛禅可汗出生之地。虽然朕未能继承发扬先祖艰难创下的伟业，但是守住了富饶、肥沃的蒙古草原。总有一天，会有勇猛的后裔子孙站出来，向朱葛老贼报仇雪恨。愿成吉思汗的子孙们永远以我为戒，光复我蒙古帝国之伟业！”而后便吟诵了一首《哀歌》，即为：

以诸宝装成之我大大都城，
应时纳凉而居之我上都开平轮城，
古来列圣避暑之我上都黄甸。
惜乎！误失我大国之政矣，
戊申乃吾衰败之岁也乎！
以九宝装成之我大都城，
执理九十九政之我上都开平，
泽及众生之我政教福庆。
惜乎！为天下共主之我大名声，
晨起而登高眺望灿烂朝霞，
自南自北观之则皆成美景。
不分冬夏常居而不生厌，
威德彻辰合罕所建之我大都宝城。
列祖所爱居之我大大都城。
我相得之君臣，我所属之民众。
未从伊拉乎丞相言乃我之恨也，
偏信叛亡之朱葛诺延乃我之愚也。
误杀我聪睿之托克托噶太师，
驱逐我尊上神喇嘛者乃我之孽也。
惜乎！号称天下共主之我名声，
惜乎！我享用无边之大福庆。
忽必烈彻辰合罕所百计经营——
宿有福祉之我大都城，

被汉人朱葛诺延席卷而去矣！

耻辱之恶名临我托欢帖木尔矣。

（引自《蒙古源流》卷五）

妥懽帖睦尔可汗吟毕《哀歌》，仰天长叹，放声痛哭。太尉完者在旁劝慰道：“帝勿哀叹！阔土江山犹在漠北，骁勇将士锐气未减。只因未及时出兵讨伐江南匪乱，以致汉人上房揭瓦，沙狐尾巴翘上天。必以此为训，戒骄戒躁，团结一心，励精图治！”皇太子爱猷识理达腊也奏道：“不经一事不长一智，历经近几年的朝政风波，感悟颇深。史载蜀地即位的汉朝先主刘备，江东即位的晋元帝、宋高宗，均为祖上主朝。父皇未像汉献帝那般被废，未如晋惠帝、晋愍帝那般被囚，也未似宋徽宗、宋钦宗那般被俘，唯乃中原之地被朱葛占去。儿臣坚信太祖、世祖建立的大蒙古帝国，犹如屹立于达赉湖中的磐石，薪火相传！”言毕，背起父皇妥懽帖睦尔可汗，下山回宫。

妥懽帖睦尔可汗忧虑过度，劳心成疾，身体每况愈下，病入膏肓。太医观音奴号脉称道：“皇上因长期焦虑，操劳过度以致浑身乏力。再加上受寒劳累，害成痢疾。其肠道挤满病虫，令其腹泻不已，已无法诊治。望皇后、太子及众臣准备后事！”妥懽帖睦尔可汗也知自己熬不过几日，便对皇太子爱猷识理达腊言道：“朕死后葬于太祖、世祖墓地旁！视如己命般保护好传国玉玺！勿让外敌侵犯祖先创下的蒙古领地！”至正三十年（1370 年）四月二十八日，妥懽帖睦尔驾崩于应昌，享年五十一岁，在位三十六年，蒙古汗号为“乌哈噶图汗”。明太祖朱元璋至吊函，以“知顺天命，退避而去”给予其“顺帝”的尊号。

爱猷识理达腊奉妥懽帖睦尔可汗之梓宫葬于北地后，返回应昌。他分别遣使，诏命坐镇辽东的纳哈出和镇守云南的诸王把匝剌瓦尔密御战明军攻击。爱猷识理达腊亲自整肃兵马，准备迎战李文忠率领的北伐东路明军。就在此时，之前派往甘肃的使者来报，扩廓帖木儿在

“沈儿峪之战”遭受徐达大军围歼，损兵折将，仅带十几名骑兵及妻儿渡黄河逃至哈拉和林。爱猷识理达腊听到这个不幸的消息，两腿酸软，摇摇欲倒，但是他咬紧牙关、鼓足志气，与乃儿不花、哈剌章及阿鲁辉帖木儿等侍臣商议御战李文忠之军的对策，并在险峻要地派兵把守。

李文忠于该年五月末才得知妥懽帖睦尔可汗驾崩的消息，故日行百里，日夜兼程奔赴应昌。他寻觅捷径，一出居庸关就一举攻破了元朝太尉蛮子及平章政事沙不丁朵耳只八剌等的阻击，在一日之内便兵围应昌。应昌城元朝军臣没想到明军如此神速，故仓皇不已。李文忠仅用半日，俘获元朝诸王将相、后妃宫女五万人有余，其中包括妥懽帖睦尔可汗之孙买的立八剌。爱猷识理达腊遵从其父遗诏，怀揣传国玉玺，颈挂忽必烈薛禅可汗时期传下来的玛哈嘎拉佛像，率十余骑突围，出奔哈拉和林扩廓帖木儿处。

那时，扩廓帖木儿已经抵达哈拉和林。他见到爱猷识理达腊，情不自禁地紧紧相拥在一起，痛哭一阵。两人决定冰释前嫌，重整兵马，光复大都。爱猷识理达腊于洪武四年（1371 年）在哈拉和林即位，仍以“大元”为国号，史称“北元”。他即位后，恢复扩廓帖木儿的天下兵马都总兵的职位。爱猷识理达腊决心安居于美丽富庶的蒙古草原，整肃操练骁勇将士，立图收复大都、上都，光复在中原的统治。当时，“北元”军势力范围为东至辽东，西至甘肃、宁夏，北至整个蒙古草原。“北元”经两年军备，屡次围攻、袭扰明军，使明朝北疆受到重创。

对此，朱元璋宣文武百官商讨应对“北元”之策。徐达等武将建议速速入兵蒙古，一举歼灭。刘基（刘伯温）等文臣建议对蒙古只可遏制，不可消灭。朱元璋虽然心中赞成刘基之建议，但再想身为一国之君，怎能灭自己威风，涨他人士气？故准许了徐达等武将们的建议。朱元璋命徐达为北征大将军、李文忠为左副将军、冯胜为右副将军，三道出师，讨伐爱猷识理达腊。明军此次讨伐旨在将“北元”扼杀在其摇篮之中。洪武五年（1372 年）正月二十二日，徐达、李文忠、冯胜兵分三路进发漠北。

兵书有云，“知己知彼，百战不殆”。扩廓帖木儿一个月前就探得明军出师北征的军机。他使用诱敌深入、强军围歼的策略，将徐达十万兵马诱入漠北草原，历时五月，全部歼灭。李文忠、冯胜忌惮万分，收兵撤回。从此形成了北元和明朝对峙三百年的政治格局，中国历史上再一次出现了南北割据、对立的时代。朱元璋曾在吊唁妥懽帖睦尔可汗的函中对爱猷识理达腊承诺：“您于漠北称霸，我于中原称帝。”明成祖朱棣也曾致函宝颜希日（乌力吉特穆尔汗）称：“鄙人占据中原，帝王您称雄漠北。”

促使在中国历史上形成蒙古与明朝对立三百年的政治格局的人是妥懽帖睦尔乌哈噶图可汗。现如今我们看他坚决撤离大都的最终决策，是何等的深谋远略和英明！笔者赋诗一则：

毅然反对众臣之劝谏
决意重返蒙古之故土，
每当提及这英明决策
犹如旭日普照暖心田；
圣主遗留千年之财富
顺帝开启三百之纪元，
异人蛮政昏暗两百年
历史痛训撕心又裂肺；
共产党引领民族平等
努力共创和谐之社会；
赞颂祖勋铭刻于脑海
蒙古今时子孙勿推责！

完结颂

阅毕史说丧国之帝的哀悔
可能成为专家学者之笑谈
可能成为平民百姓之明鉴
虽说歌颂昔日辉煌之责重
但是总结今时训诫更为贵
平凡探究盼工业史之兴盛
我们宏伟蓝图即显于眼前

2011 年 8 月于呼和浩特

附录

文中人物列表

A

阿忽台
阿剌忒纳失里
阿剌忒纳答剌
阿邻帖木儿
阿鲁
阿鲁浑
阿鲁图
阿鲁辉帖木儿
阿鲁温
阿速吉八（天顺帝）
阿沙不花
阿失
爱猷识理达腊（必里克图汗，元昭宗）
爱育黎拔力八达（普颜笃可汗，元仁宗）
按赤台
按陈
按答儿秃
按梯不花
安禄山
安童

B

八不罕
八不沙皇后
八里吉思
八思巴
把匝剌瓦尔密
白锁住
拜住
宝颜希日（乌力吉特穆尔汗）
别儿怯不花
伯蓝也怯赤
孛鲁合
孛罗
孛罗帖木儿
伯颜

伯颜不花
伯颜察儿
伯颜忽都皇后
博尔术
卜答失里皇后
卜鲁罕皇后
卜颜帖木儿
伯帖木儿
不忽木
不花帖木儿
不兰奚

彻里帖木儿
陈理
陈猱头
陈胜
陈野先
陈友谅
称海
成吉思汗（铁木真，元太祖）
成遵
赤斤铁木儿
床兀儿

C

曹良臣
岑文本
崔德
崔敬
崔帖木儿
崔完者帖木儿
察必皇后
察罕帖木儿
察乃
常遇春
撒撒秃
彻彻秃
彻里哈

D

达达
答己皇后
答纳失里
答里麻失里
达礼麻识理
答剌麻八剌
答失八都鲁
达识帖睦迩
倒剌沙
德寿
邓愈
定敬可
定住

迭儿必失
雕阿不剌
笃哇
杜遵道
朵儿直班
朵耳
朵列
朵列纳

F

范汇
方国珍
房玄龄
冯国用
冯国胜
冯胜

G

甘麻剌
高惠
哥舒翰
耿再成
古纳答剌（燕帖古思）
关保
关先生
郭天叙
郭英
郭子兴
郭忠恕

H

哈八儿秃
哈赤温
哈海
哈剌不华
哈剌答
哈剌哈孙
哈剌章
哈麻
哈散
海山（曲律可汗，元武宗）
海都
韩山童
韩咬儿
合赤曲鲁克
和尚
和世㻋（忽都笃可汗，元明宗）
贺胜
何玮
黑驴
忽必烈（薛禅可汗，元世祖）

M

马札儿台
买的立八剌
迈来迪
满川
蛮子
蛮子台
蛮子海牙
蒙哥汗（元宪宗）
毛贵
毛翌
明里帖木儿
明里董阿
木儿火赤
木华黎
沐英
貊高

N

纳臣巴阿秃儿
纳哈出
那木罕
乃儿不花
乃蛮台
囊加歹
纽泽
嵝嵝

O

欧阳玄

P

彭莹玉
朴不花
朴赛不花
普颜怯里迷失
破头潘

Q

奇皇后（完者忽都）
乞失里
庆童

R

汝中柏

脱脱木儿
脱忒哈
脱因帖木儿
妥懽帖睦尔（乌哈噶图可汗，元顺帝，元惠宗）

W

完者忽都（奇皇后）
完者帖木儿
崔完者帖木儿
王不花
王禅
王浩
王宏远
汪家奴
王嗣宗
王士诚
王显忠
斡勒海寿
斡耳朵
窝阔台（元太宗）
斡罗陈
乌伯剌
乌伯都剌
乌古孙良桢
兀良合歹
吴广
吴兢
吴良
吴直方

X

匣日
萧拜住
偰哲笃
徐达
徐寿辉
旭迈杰
许有壬
薛必烈杰儿
蓟国夫人（脱脱之母）
雪雪

Y

牙牙
牙忽都
杨朵儿只
杨广（隋炀帝）
杨玄感
杨瑀
姚伯颜不花

参阅书籍

[1]白晶. 元朝宫廷轶事[M]. 北京:民族出版社,2003.

[2]毕沅. 续资治通鉴[M]. 北京:中华书局,1957.

[3]蔡东藩. 明史演义[M]. 北京:文化艺术出版社,2004.

[4]蔡东藩. 元史演义[M]. 北京:文化艺术出版社,2004.

[5]答理麻固什. 金轮千辐[M]. 呼和浩特:内蒙古人民出版社,2013.(蒙古文)

[6]拉希彭斯克. 水晶念珠[M]. [不详].(蒙古文)

[7]杜当,乌力吉图. 元史[M]. 北京:民族出版社,1987.(蒙古文)

[8]老铁等. 元史百年[M]. 沈阳:辽宁少年儿童出版社,1990.

[9]李瀚之. 中国皇后全传[M]. 北京:当代世界出版社,2012.

[10]刘佶. 北巡私记[M].《云窗丛刻》本. 不详.

[11]罗密. 蒙古博尔济吉忒氏族谱[M]. 呼和浩特:内蒙古人民出版社,2014.(蒙古文)

[12]欧阳玄. 至正河防记[M]. [不详].

[13]权衡. 庚申外史[M]. [不详].

[14]萨冈彻辰. 蒙古源流[M]. 呼和浩特:内蒙古人民出版社,1980.(蒙古文)

[15]沈起炜. 中国历史大事年表[M]. 上海:上海辞书出版社,2001.

[16]当年明月. 明朝那些事[M]. 北京:北京联合出版社,2011.

[17]宋濂等. 元史[M]. 北京:中华书局,1976.

[18]屠寄. 蒙兀儿史记[M]. 呼和浩特:内蒙古人民出版社,2007.

[19]吴晗. 朱元璋传[M]. 西安:陕西师范大学出版社,2008.

[20]叶子奇. 草木子[M]. 北京:中华书局,2014.

[21]张廷玉等. 明史[M]. 北京:中华书局,2013.

[22]郑天挺,谭其骧. 中国历史大辞典[M]. 上海:上海辞书出版社,2010.